Rainer Erlinger

Lügen haben rote Ohren

Rainer Erlinger

Lügen haben rote Ohren

Gewissensfragen für große und kleine Menschen

List

2. Auflage 2004
List ist ein Verlag
der Ullstein Buchverlage GmbH

ISBN 3-471-77427-0

Gesetzt aus der Antique Olive bei LVD GmbH, Berlin
Druck und Bindung: GGP Media GmbH, Pößneck
Printed in Germany

Inhalt

Vorwort

Oder

Warum es sich lohnt, das Buch zu lesen

Soll ich jetzt?« – »Ist das korrekt?« – »Müsste ich nicht?«
Immer wieder kommt man in eine Lage, in der man nicht so
genau weiß, was richtig ist. Andere scheinen es aber zu wissen: »Das tut man nicht!« – »Du musst!« – »Das ist unmoralisch!« Wenn man das schon hört: Moral und so weiter. Nichts
als Verbote und Ermahnungen. Manchmal hat man das Gefühl, es gibt das alles nur, um einem das Leben schwer zu machen und den Spaß zu verderben.
Obwohl, ein paar Sachen gibt es ja schon, die man gerne mag:
dass man sich zum Beispiel auf jemanden verlassen kann, weil
der bestimmt nicht lügt. Oder darauf, dass einem ein anderer
sicher hilft, falls man es mal braucht.
Nun, das ist aber auch eine Frage der Moral: nicht lügen, anderen helfen. Und gut ist es auf jeden Fall, wenn man es anders herum sieht: nicht angelogen werden, Hilfe bekommen.
Vielleicht ist doch etwas dran. Wenn es mal nicht nach der
Devise geht: »Du darfst nicht! Du musst!« Sondern danach:
Wie ist es denn am besten? Für mich und für die anderen?
Manchmal ist das ganz schön verzwickt. Gut, dass man nicht
stehlen darf, hat man schon hundertmal gehört. Und dass es
falsch ist, aus Spaß einem anderen wehzutun, will man nun
wirklich nicht noch einmal lesen. Aber gibt es nicht auch
Situationen, bei denen nicht alles so klar ist? Darf man denn
beispielsweise lügen, um jemand anderem damit zu helfen?

Oder vielleicht sogar nur, um sich selbst das Leben etwas leichter zu machen? Und wenn man darüber nachdenkt, kommen immer mehr Fragen: Wer sagt eigentlich, dass man dieses und jenes nicht machen darf? Gibt es möglicherweise Situationen, in denen man zum Beispiel lügen darf oder sogar muss? Und schließlich landet man bei der ganz wichtigen Frage, vielleicht der wichtigsten Frage überhaupt: Warum? Warum soll man nicht lügen? Warum soll man einem anderen helfen? Warum gibt es eigentlich moralische Regeln? Sind die denn sinnvoll?

Das sind Fragen, die im Leben auftauchen, egal, wie alt wir sind. Manchmal ist man überrascht, weil man sie schon aus den Büchern kennt, die man als Kind gelesen hat. Und weiß trotzdem bis heute oft keine rechte Antwort. Auch Ferdinand und seiner Schwester Pia geht es so. Die stellen diese Fragen sich und ihren Eltern, diskutieren sie beim Essen in der Familie und vor allem mit ihrem Onkel Gottfried, der auf vieles eine Antwort weiß, auch wenn es noch so schwierig ist.

Dieses Buch zu lesen soll Spaß machen. Danach weiß man vielleicht ein bisschen mehr. Aber vor allem hat man hoffentlich eins gelernt: selbst nachzudenken und selbst eine Antwort zu finden.
So kann man seine Entscheidungen klarer, selbstbewusster – und damit eben auch freier treffen. Ohne von irgendjemandem gegängelt zu werden. Man muss in schwierigen Situationen weniger unsicher sein, wie man sich verhalten soll. Man muss sich nichts mehr vormachen lassen von Sätzen wie: »Das macht man halt so!«, oder »Das gehört sich so!«. Man kann selbst entscheiden, was richtig ist. Sein Leben selbst in die Hand nehmen. Und sehen, wie viel Spaß das macht!

München, Juni 2004
Rainer Erlinger

Rote Ohren, kurze Beine

Oder

Warum man Versprechen halten und nicht lügen sollte

*J*etzt lügst du«, sagte Thomas.

Pippi überlegte einen Augenblick.

»Ja, du hast Recht, ich lüge«, sagte sie traurig.

»Es ist hässlich, zu lügen«, sagte Annika, die jetzt endlich wagte, den Mund aufzumachen.

»Ja, es ist sehr hässlich, zu lügen«, sagte Pippi noch trauriger. »Aber ich vergesse es hin und wieder, weißt du. Und wie kannst du überhaupt verlangen, dass ein kleines Kind, das eine Mutter hat, die ein Engel ist, und einen Vater, der Negerkönig ist, und das sein ganzes Leben lang auf dem Meer gesegelt ist, immer die Wahrheit sagen soll? Und übrigens«, fuhr sie fort, und sie strahlte über ihr ganzes sommersprossiges Gesicht, »will ich euch sagen, dass es in Nicaragua keinen einzigen Menschen gibt, der die Wahrheit sagt. Sie lügen den ganzen Tag. Sie fangen früh um sieben an und hören nicht eher auf, als bis die Sonne untergegangen ist. Wenn es also passieren sollte, dass ich mal lüge, so müsst ihr versuchen, mir zu verzeihen und daran zu denken, dass es nur daran liegt, dass ich zu lange in Nicaragua war. Wir können wohl trotzdem Freunde sein, nicht wahr?«

»Ja, gewiss«, sagte Thomas und wusste plötzlich, dass der Tag heute sicher keiner der langweiligen werden würde.

Astrid Lindgren, *Pippi Langstrumpf*

Ferdinands Schwester Pia war seit einigen Tagen völlig verändert. Das hängt bestimmt mit ihrem Urlaub zusammen, dachte Ferdinand. Sie hatte sich schon so lange darauf gefreut, und es war auch nicht leicht gewesen, die Erlaubnis der Eltern zu bekommen: Sie durfte mit ihrer besten Freundin zwei Wochen nach Frankreich fahren. »Um Französisch zu lernen«, hieß es, aber natürlich wollten die beiden Mädchen vor allem gemeinsam Urlaub machen. Pias Freundin Anne freute sich fast noch mehr darauf, weil sie noch nie im Ausland gewesen war. Ihre Eltern waren recht ängstlich und wollten Anne den Urlaub in Frankreich auch erst gar nicht erlauben. Nur weil Pia dabei war und Annes Eltern Pia mochten, hatten sie schließlich zugestimmt.

Aber da musste noch etwas sein, weil der Urlaub schon seit Monaten geplant war und sie sich erst seit ein paar Wochen so merkwürdig benahm. Immer wenn das Telefon läutete, sprang sie an den Apparat und zog sich sofort wieder enttäuscht zurück, wenn es für Ferdinand oder die Eltern war. Und falls es für sie war, wurde sie oft rot und verschwand gleich mit dem Telefon in ihr Zimmer. Außerdem war sie beim Essen sehr still und hatte keinen rechten Appetit.

»Was ist denn los?«, fragte die Mutter.

»Gar nichts. Was soll denn sein?« Pia wurde rot.

»Du hast doch etwas«, drängte die Mutter, »los, raus damit!«

Pia druckste noch etwas herum, aber dann legte sie los: »Ich habe mich in Marc, den süßesten Jungen der Welt verliebt.«

»Ach so«, meinte die Mutter, »das ist doch wunderbar. Wo ist das Problem? Mag er dich nicht?«

»Nein, nein! Das ist es nicht. Er liebt mich auch. Er ist ja so süß. Das Furchtbare ist«, Pia schossen die Tränen in die Augen, »in sechseinhalb Wochen geht er für ein Jahr als Austauschschüler nach Amerika. Das wird furchtbar, da sehen wir uns ein Jahr lang nicht. Aber auf alle Fälle will ich bis dahin möglichst jede Minute mit ihm zusammen sein.«

»Ja und?«, warf Ferdinand ein, »dann mach es halt!«

»Sehr klug! Ich habe doch den Urlaub mit Anne ausgemacht und der ist schon in drei Wochen.« Pia war verzweifelt. »Ich halte das nicht aus, von den wenigen Wochen, die Marc noch da ist, die Zeit statt mit ihm mit Anne im Urlaub zu verbringen. Ich muss den Urlaub absagen, aber ich weiß nicht, wie. Anne wird furchtbar enttäuscht sein, weil sie jetzt gar nicht in den Urlaub fahren kann. Aber sie kann ich doch auch weiterhin täglich sehen, Marc aber dann nicht mehr, wenn er so lange weg ist. Ich habe mir überlegt, ich sage Anne einfach, dass mein Geld nicht reicht und wir deshalb nicht fahren können. Das ist das Einfachste. Nur habe ich ein furchtbar schlechtes Gewissen dabei.«

*Darf ich meine Freundin anlügen,
weil sie mir böse sein könnte,
wenn ich ihr die Wahrheit sage?*

»Das hast du aber auch ganz zu Recht«, sagte die Mutter entrüstet. »Du willst deine beste Freundin nicht nur versetzen, sondern auch noch mir nichts, dir nichts einfach so anlügen?«

»Wieso denn nicht?«, wollte Ferdinand wissen. »Für Anne macht es doch keinen Unterschied, welchen Grund ihr Pia dafür nennt, warum sie jetzt nicht in den Urlaub fahren kann.«

»Ich glaub, ich hör nicht recht!« Die Mutter war richtig verärgert. »Das ist ja toll. Meine Tochter will lügen und mein Sohn findet da auch nichts Schlimmes dabei. Wozu hab ich euch eigentlich erzogen? Ich hab euch doch immer eingeschärft, dass Lügen etwas Schlimmes ist.«

»Ja, weil man damit anderen schadet.« Pia hatte sich das offensichtlich genau überlegt. »Aber hier schadet die Lüge doch niemandem. Im Gegenteil, wenn Anne erfährt, dass ich wegen Marc nicht fahren will, ist sie vielleicht gekränkt. So aber nicht.«

»Das hast du dir fein zurechtgelegt«, sagte die Mutter. »Und was ist mit dem Achten Gebot: ›Du sollst nicht lügen‹? Genau das tust du doch.«

Ferdinand überlegte. Gut, Lügen ist etwas Schlechtes und eine Sünde, das hatte man ja schon oft genug gehört, aber eins war ihm immer noch unklar: »Warum eigentlich?«

»Aus der Sicht des Glaubens ist Gott derjenige, der alles weiß und deshalb auch die Wahrheit«, antwortete die Mutter. »Bei der Lüge sagt man ja etwas, das nicht stimmt und entfernt sich damit von Gott. Es gibt aber noch einen ganz praktischen Grund, warum das Lügen schlecht ist: Es zerstört das Vertrauen.«

»Wie das?«, wollte Pia wissen.

»Na ihr kennt doch das Sprichwort ›Wer einmal lügt, dem glaubt man nicht, und wenn er auch die Wahrheit spricht.‹ Stell dir vor, Anne bemerkt, dass du sie belogen hast. Was passiert, wenn du ihr das nächste Mal etwas erzählst? Sie wird sich überlegen, ob es diesmal stimmt, oder ob du sie wieder belügst. In eurer Freundschaft wird es kein Vertrauen mehr geben können.«

Pia war ganz zerknirscht. Das mit dem enttäuschten Vertrauen, da war was dran. Sie würde Anne wohl die Wahrheit sagen müssen. Aber da war ja noch etwas: Sie hatte ihr schlechtes Gewissen nicht nur wegen der Lüge gehabt, sondern auch, weil sie den Urlaub überhaupt absagen wollte. Ging denn wenigstens das in Ordnung?

»Das ist doch ganz ähnlich«, sagte die Mutter.

Die Fabel vom Hirtenjungen und dem Wolf

Ein Hirtenjunge hütete Schafe. Weil ihm langweilig war, rief er eines Tages: »Hilfe, Hilfe! Ein Wolf!« Daraufhin liefen sofort die Leute aus dem Dorf herbei, um zu helfen, aber da war kein Wolf, und der Hirtenjunge lachte nur. Am nächsten Tag war ihm wieder langweilig und er rief wieder: »Hilfe, Hilfe! Ein Wolf!« Wieder kamen die Dorfbewohner gelaufen, wieder war kein Wolf da, und wieder lachte der Junge. Am dritten Tag aber kam tatsächlich ein Wolf und griff die Schafe an. Der Hirtenjunge rief: »Hilfe, Hilfe! Ein Wolf!« Die Dorfbewohner hörten ihn, dachten aber, er lügt wieder, da ist gar kein Wolf, und kamen nicht zu Hilfe. Deshalb fraß der Wolf die Schafe. »Wer einmal lügt, dem glaubt man nicht, und wenn er auch die Wahrheit spricht.«

»Wieso denn das?«, wollte Pia wissen. »Ich meine, wenn ich Anne die Wahrheit sage.«

»Eigentlich hast du doch auch gelogen«, warf Ferdinand ein, »wenn du erst sagst, du fährst mit Anne in den Urlaub, es aber dann nicht tust. Du hast etwas gesagt, was nicht stimmt. Und das ist eine Lüge.«

»Nein, so würde ich das nicht sehen«, sagte die Mutter. »Gelo-

gen hat Pia nicht. Als sie zusagte, wollte sie ja mit Anne weg-
fahren. Aber auch wenn es keine Lüge war, geht es wieder
um dasselbe: um das Vertrauen. Das wird nämlich auch dann
zerstört, wenn man ein Versprechen bricht.«

*Darf ich etwas, das ich mit
meiner besten Freundin schon lange
ausgemacht habe, absagen, weil ich jetzt
etwas anderes viel lieber tun würde?*

»Aber ich habe doch gar nichts versprochen«, protestierte
Pia, »ich habe doch nur etwas mit Anne ausgemacht.«
»Man muss nicht sagen ›ich verspreche‹, damit es ein Versprechen ist«, antwortete die Mutter. »Du hast es mit Anne ausgemacht und Anne hat sich auf das, was du gesagt hast, verlassen. Das ist ein Versprechen und daran muss man sich
halten.«
»Warum denn das?«, wollte Ferdinand wissen.
»Das kann ich euch erklären«, antwortete die Mutter. »Pia, was
würdest du sagen, wenn du in den Zug nach Frankreich steigen willst, du stehst am Bahnsteig, und der Zug kommt
nicht?«
»Das gibt es doch gar nicht! Und wenn, wäre ich natürlich
ziemlich sauer. Aber was hat das mit meiner Abmachung zu
tun?«, sagte Pia.
»Wieso kannst du so fest damit rechnen, dass der Zug geht?
Weil die Bahn dir zugesagt hat, dass der Zug fährt. Und wieso
kann die Bahn sicher sein, dass da auch ein Lokführer da ist?
Weil der Lokführer der Bahn zugesagt hat, dass er zum Dienst
kommt. Damit unser Leben funktioniert, muss man sich jeden Tag auf eine Menge von Zusagen verlassen können. Stellt

euch einmal vor, man wüsste nie, ob sich andere an ihre Versprechen halten. Ihr wüsstet nie, ob der Bäcker auch Brot hat, ob der Bus fährt oder auch nicht. Ja, ihr wüsstet auch nicht, ob ich etwas zu Essen mache oder ihr vor dem leeren Tisch sitzt.«

»Ja, aber es ist doch etwas anderes, ob es um den Beruf geht oder um einen Urlaub«, sagte Pia. »Im Beruf ist es klar, da muss man seine Aufgaben erfüllen, sonst bekommt man Ärger. Man wird bestraft oder entlassen. Aber bei meiner Freundin ist das doch nicht so.«

»Doch, eben schon«, sagte die Mutter. »Im Beruf gibt es einen Arbeitsvertrag. Darin steht, was man tun muss und was man nicht tun darf. Darauf kann sich jeder dann verlassen. In einer Freundschaft gibt es so etwas nicht. Da gibt es nur das Vertrauen. Und deshalb ist es in einer Freundschaft umso schlimmer, wenn man das Vertrauen enttäuscht. Dann ist nämlich sehr schnell die ganze Freundschaft weg.«

»Und was soll ich also jetzt machen?«, fragte Pia ganz kleinlaut.

»Es gibt nur eines«, sagte die Mutter. »Du musst mit Anne sprechen und ihr dein Problem erklären. Und dann müsst ihr gemeinsam eine Lösung finden. Wenn sie dich wirklich gern mag, wird sie sicher auf den Urlaub verzichten. Vielleicht könnt ihr etwas anderes ausmachen. Aber es muss dir klar sein, dass du es bist, die Anne gegenüber wortbrüchig wird.«

Pia zog davon, und Ferdinand überlegte. Die Mutter hatte schon Recht, aber ganz hatte sie ihn nicht überzeugt. Es konnte doch nicht sein, dass jede Lüge falsch war. Und wenn der Belogene gar nicht merkte, dass er belogen wurde, dann würde doch auch sein Vertrauen nicht gestört sein. Nein, da musste es doch noch mehr geben. Er wollte sicherheitshalber Onkel Gottfried fragen.

Onkel Gottfried war der Bruder von Ferdinands Mutter und

Ferdinands Patenonkel. Ferdinand fand Onkel Gottfried ziemlich cool. Der lebte allein mit seinem Hund Anton nur ein paar Straßen weiter in einer Dachwohnung und war ganz anders als die Erwachsenen sonst.

»So gut wie deinem Bruder Gottfried sollte es uns gehen!«, hatte der Vater einmal zur Mutter gesagt. »Was macht der eigentlich? Hat keinen festen Beruf, macht mal dieses, mal jenes. Anscheinend hat er aber immer genug Geld. Und eine feste Freundin hat er auch nicht, geschweige denn, dass er verheiratet ist.«

»So, das findest Du also beneidenswert, wenn jemand nicht verheiratet ist? Manchmal finde ich das auch!«, hatte die Mutter entgegnet, die immer recht ärgerlich wurde, wenn der Vater schlecht über Onkel Gottfried sprach. Ganz verstand sie ihren Bruder auch nicht, aber sie mochte ihn.

»Komme gleich!«, ertönte es von innen, als Ferdinand läutete. Einen Moment später öffnete der Onkel die Tür. Von hinten drängte sich Anton heran. Anton liebte Ferdinand. Er war ein Mischling, den der Onkel vor ein paar Jahren aus dem Urlaub in Spanien mitgebracht hatte. Er hatte ihn als jungen Hund am Strand gefunden, ganz verwahrlost und hungrig, der Onkel hatte ihn gepflegt und gefüttert und Anton war daraufhin nicht mehr dazu zu bringen, sich auch nur ein paar Meter von Onkel Gottfried weg zu bewegen. Es sei denn, er war bei Ferdinand. Anton drängte sich durch die Tür und begrüßte Ferdinand, indem er heftig schwanzwedelnd an ihm hochsprang.

»Nicht so stürmisch, Anton«, sagte der Onkel, doch Anton gab erst wieder Ruhe, als Ferdinand ihn ausgiebig begrüßt hatte. Schließlich saßen sie an Onkel Gottfrieds Küchentisch. Der Hund ließ sich neben Ferdinand auf dem Boden nieder, legte seinen Kopf auf Ferdinands Füße und blickte von unten hoch.

»Was führt dich her?«, fragte der Onkel, und Ferdinand erzählte die ganze Geschichte von seiner Schwester Pia, dem

Freund, dem Urlaub und der Freundin Anne. Und dann schilderte er sein Problem. Wenn er im Erzählen vergaß, sich um Anton zu kümmern, stupste der Ferdinand kurz an, und erst wenn er weitergestreichelt wurde, legte er den Kopf wieder auf Ferdinands Fuß.

Warum ist es schlecht zu lügen,
auch wenn man damit niemandem schadet
oder jemandem damit sogar helfen will?

»Na, da hast du dir ja ein schweres Thema ausgesucht«, sagte Onkel Gottfried. »Darüber streiten sich die Philosophen und die Kirchengelehrten schon lange. Deine Mutter hat dir doch bestimmt einiges über die Lüge als Sünde erzählt und was die Kirchen dazu sagen.«
»Na und ob«, meinte Ferdinand und berichtete, was die Mutter gesagt hatte.
»Und was passt dir daran nun nicht?«, fragte der Onkel.
»Es kann doch auch bei den Zehn Geboten nicht egal sein, ob man lügt, um anderen zu schaden oder zum Beispiel aus Rücksichtnahme.«
»Ja, der Einwand ist berechtigt, darüber gab es tatsächlich auch in der katholischen Kirche Diskussionen. Aber dann hat schon vor 1600 Jahren der Kirchenlehrer Augustinus jede Form von Lüge als Sünde angesehen, und das ist auch so geblieben.
Viel später hat Thomas von Aquin, ein anderer Kirchenlehrer, die Lügen in Schadenslügen, Nutzlügen und Scherzlügen eingeteilt. Alle drei sind seiner Meinung nach falsch, aber natürlich eine Lüge, die man aus Scherz erzählt, viel weniger als eine, die man erzählt, um anderen zu schaden. Und für die

> *»Wenn nämlich einer mit Hilfe der Lüge einen Mitmenschen zur Annahme der Wahrheit tauglich machen will, versperrt er ihm den Zugang zur Wahrheit; dadurch nämlich, dass er mit seiner Lüge dem anderen sich anpassen will, wird er unzuverlässig, sobald er die Wahrheit sagt.«*
>
> *»Fragen, ob man um der Rettung eines anderen willen lügen darf, heißt fragen, ob man um der Rettung eines anderen willen sündigen darf. Das aber ist unvereinbar mit dem Heil der Seele, das nur durch Freiheit von der Sünde sichergestellt werden kann.«*
>
> Augustinus, 354–430,
> Lateinischer Kirchenlehrer

evangelischen Christen hat Luther das zunächst auch so gesehen. Erst später meinte er dann, die Scherzlüge und die Lüge, die man erzählt, um jemandem zu nützen, seien gar keine richtigen Lügen und deshalb nicht vorwerfbar.«

»Dann dürfte Pia Anne ja erzählen, dass sie kein Geld hat, schließlich macht sie das ja nur aus Rücksicht auf sie«, sagte Ferdinand. »So einfach ist das auch wieder nicht«, sagte der Onkel. »Luther wollte natürlich auch nicht das Lügen einfach so erlauben. Es musste auch bei ihm schon etwas sein, das auch aus Glaubenssicht nützt, damit es keine schlechte Lüge ist. Und das ist es bei Pia ja wirklich nicht. Man muss da auch immer aufpassen, dass man sich nicht nur eine Ausrede sucht, um es leichter zu haben.«

»Hmmmm«, Ferdinand überlegte.

»Dich stört immer noch etwas?«, fragte Onkel Gottfried.

»Ja. Wenn es nur ums Vertrauen geht, dürfte ich doch immer dann lügen, wenn ich mir sicher sein kann, dass es niemals herauskommt. Weil dann ja auch kein Vertrauen zerstört werden kann.«

»Donnerwetter!«, sagte der Onkel und schaute Ferdinand an.

»Das ist aber verdammt clever von dir.« Ferdinand wusste nicht recht, was er jetzt davon halten sollte. Das war doch ganz logisch, was er da gesagt hatte, darauf musste man doch stoßen. Aber es gefiel ihm natürlich, wenn der Onkel so etwas sagte. Deshalb mochte er Onkel Gottfried auch so, weil der ihm immer genau zuhörte und ihn ernst nahm.

»Dein Problem ist eine Frage von Einzelfall und allgemeiner Regel. Nehmen wir zum Beispiel Pias Freundin Anne. Du meinst, wenn sie nie erfährt, dass Pia sie belogen hat, dann kann sie ja auch nicht das Vertrauen in Pia verlieren.«

»Ja genau«, sagte Ferdinand.

»Das ist natürlich richtig«, sagte der Onkel, »aber da ist schon einmal ein Haken an der Sache: Wenn man jetzt den speziellen Fall von Pia und Anne ansieht, kann man nie ganz sicher wissen, ob Anne nicht doch erfährt, dass Pia sie belogen hat. Dann hängen das Vertrauen und damit der Weiterbestand der Freundschaft von einem Zufall ab. Das kann niemand wollen. Und auch wenn man ganz sicher sein könnte, dass sie es nie erfährt: Warum vertraut Anne eigentlich darauf, dass Pia ihr die Wahrheit sagt?«

»Na, weil sie davon ausgehen kann, dass ihre Freundin sie nicht belügt«, antwortete Ferdinand.

»Genau«, fuhr der Onkel fort, »und das kann sie, weil es eben die allgemeine Regel gibt, dass man nicht lügen darf. Wenn jeder lügen dürfte, so viel er will und wann er will und daran gar nichts Schlechtes wäre, könnte auch niemand auf die Idee kommen, dem anderen zu vertrauen.«

Das leuchtete Ferdinand jetzt ein, aber der Onkel fuhr fort: »Es gibt aber noch einen anderen Grund, der vielleicht etwas schwieriger ist. Aber ich bin mir sicher, du wirst das verstehen. Pass einmal auf: Weißt du, wie die Indianer einen Lügner nennen?«

»Was soll denn das? Ich bin doch keine sieben mehr. Da haben wir auch immer gesagt: Der spricht mit gespaltener Zunge!«

> *»Die größte Verletzung der Pflicht des Menschen gegen sich selbst, bloß als moralisches Wesen betrachtet (die Menschheit in seiner Person), ist das Widerspiel der Wahrhaftigkeit: die Lüge (aliud lingua promptum, aliud pectum inclusum gerere – das eine offen im Munde, das andere verschlossen im Herzen tragen).«*
>
> Immanuel Kant, 1724–1804,
> Deutscher Philosoph

»Und was meinen sie damit?«, fragte der Onkel.

»Ich glaube, dass er falsch wie eine Schlange ist, die auch eine gespaltene Zunge hat«, sagte Ferdinand. »Der Lügner sagt eben etwas anderes als das, was er meint.«

»Ja, und das ist auch der Fehler beim Lügen«, sagte der Onkel. Das verstand Ferdinand jetzt nicht, aber der Onkel sprach sofort weiter. »Das Bild der Indianer von der gespaltenen Zunge gibt es ganz ähnlich auch von anderen. Der Kirchenlehrer Augustinus, von dem deine Mutter schon erzählt hat, schrieb von einem ›doppelten Herzen‹, das der Lügner hat, und der Philosoph Kant meinte, der Lügner hat etwas anderes im Mund als im Herzen.

Ist es immer falsch zu lügen?
Auch in einer Notsituation?
Oder um jemanden zu retten?

Und alle meinen sie dasselbe: Was uns Menschen auszeichnet, ist unsere Sprache, mit der wir uns verständigen können. Wenn nun jemand diese Sprache nicht dazu hernimmt, seine Gedanken auszudrücken, sondern umgekehrt das Gegenteil seiner Gedanken, dann ist das doppelt falsch. Einmal nimmt er der Sprache ihren Sinn, weil ja niemand mehr wissen kann, ob das nun stimmt oder nicht. Das hat man übrigens auch schon vor langer Zeit erkannt, dass das Lügen zu völlig widersinnigen Situationen führen kann, weil es eben dieser Widerspruch von Gedanken und Sprache ist. Und zum anderen macht er das kaputt, was den Menschen auszeichnet, nämlich seine Gedanken ausdrücken zu können. Und das sehen viele eben als einen Angriff auf den Menschen selbst.«

»Aber wenn das alles so stimmt, dann darf man überhaupt nie lügen, egal, was passiert«, sagte Ferdinand. »Das kann doch nicht richtig sein. Wenn man irgendetwas ganz besonders Gutes erreichen will oder etwas ganz furchtbar Böses verhindern kann durch eine Lüge, dann müsste es doch in Ordnung sein zu lügen.«

»Du meinst einem Verbrecher gegenüber?«

Das Paradox des Epidemides

Der Philosoph Epimenides (7. Jahrhundert v. Chr.), der selbst Kreter ist, sagt: »Alle Kreter sind Lügner.« Damit meint er, dass alle Kreter ausnahmslos lügen.

Mit diesem Satz sagt er zugleich die Wahrheit und lügt.

Begründung:

Ist der Satz richtig, dann ist Epimides (wie er selbst sagt) ein Lügner. Wenn er jedoch ein Lügner ist, dann ist die Aussage des Satzes aber falsch, er ist in Wirklichkeit kein Lügner und sagt die Wahrheit. Wenn er die Wahrheit sagt, dann stimmt aber seine Aussage, ein Lügner zu sein ...

Was ist er nun – ein Lügner oder nicht? Ist die Aussage nun richtig oder falsch?

»Da die Worte von Natur aus Zeichen der Gedanken sind, ist es unnatürlich und unerlaubt, dass man durch die Sprache kundgibt, was man nicht im Sinne hat.«

Thomas von Aquin, 1225–1274,
Philosoph und Kirchenlehrer

> *»Die Mitteilung seiner Gedanken an jemanden durch Worte, die doch das Gegenteil von dem (absichtlich) enthalten, was der Sprechende dabei denkt, ist ein der natürlichen Zweckmäßigkeit seines Vermögens der Mitteilung seiner Gedanken gerade entgegengesetzter Zweck, mithin Verzichttuung auf seine Persönlichkeit und eine bloß täuschende Erscheinung vom Menschen, nicht der Mensch selbst.«*
>
> Immanuel Kant, 1724–1804,
> Deutscher Philosph

»Ja genau«, sagte Ferdinand. »Wir haben da in der Schule über eine Meldung aus der Zeitung gesprochen.«

»Und worum ging's?«

»Da haben so ein paar betrunkene Rechtsradikale einen Asylanten verfolgt. Die müssen ihn richtig gejagt haben. Das hat dann einer gemerkt, der zufällig gerade da war, und zu dem Asylanten gemeint, er soll sich schnell verstecken. Wie dann die Skinheads ankamen, haben die angefangen, ihn zu suchen und hätten ihn fast gefunden. Da hat er denen gesagt, dass der Asylant in eine Richtung weitergelaufen ist. Die Typen sind grölend weiter, und dem Asylanten ist nichts passiert, obwohl da ein paar Wochen vorher einer krankenhausreif geprügelt worden ist.«

»Was hast du denn damit für ein Problem?«, fragte der Onkel.

»Das war doch eine Lüge«, sagte Ferdinand. »Und trotzdem waren sich alle einig, dass der Lügner hier richtig gehandelt hat. Der Typ, der das gemacht hat, ist vom Bürgermeister groß gelobt worden. Und eben auch von der Kirche, obwohl das Lügen doch eine Sünde ist.«

»Du findest doch sicher auch, dass das richtig war, oder?«, fragte Onkel Gottfried

»Ja, natürlich«, sagte Ferdinand. »Aber das muss man doch auch irgendwie begründen können. Warum ist es denn jetzt hier anders? Warum darf man jetzt hier lügen?«

»Meiner Meinung nach darf man hier nicht nur lügen, man

muss es sogar«, sagte der Onkel. »Überleg doch einmal, was passiert wäre, wenn der Mann nicht gelogen hätte. Die brutalen Schläger hätten den armen Asylanten wahrscheinlich schnell gefunden und dann verprügelt, vielleicht sogar umgebracht. Und als Einzelner hätte der Mann keine Chance gegen eine Horde Betrunkener gehabt. Es war damit die einzige Möglichkeit, das Verbrechen zu verhindern.«

»Das find ich ja auch«, sagte Ferdinand. »Aber dann haben doch die Philosophen Unrecht, wenn sie behaupten, dass man niemals lügen darf. Es gibt also Ausnahmen.«

»Du hast völlig Recht«, pflichtete ihm der Onkel bei. »Da ist ein Widerspruch. Das, was du dir gerade überlegst, ist ein altes Problem. Es kam darüber sogar einmal zu einem Streit zwischen zwei Philosophen. Und zwar über einen Fall, der ziemlich genau dem Zeitungsbericht entspricht. Der französische Philosoph Benjamin Constant hat sich das Beispiel überlegt, dass ein Mörder jemanden fragt, ob sich dessen Freund, den er umbringen will, im Haus versteckt hat. Bisher habe ich immer gedacht, dass das ein ziemlich komisches Beispiel ist, weil so etwas nie vorkommt. Aber in dem Zeitungsbericht geht es doch fast genau darum. Weil, wenn er nichts sagt, schaut der Mörder selbst nach. Das hilft also nichts.«

»Das stimmt. Aber was hat nun der Philosoph dazu gesagt?«, wollte Ferdinand wissen.

»Er meinte«, sagte Onkel Gottfried, »dass man in so einer Situation natürlich lügen darf, weil der Mörder kein Recht darauf hat, die Wahrheit zu erfahren. Und er machte eben noch einen Seitenhieb, indem er sagte, es gebe da einen deutschen Philosophen, der sogar in so einem Fall das Lügen verbietet.«

»Und wer war das?«

»Das weiß man nicht so genau, weil er keinen Namen genannt hat. Aber der berühmte Philosoph Immanuel Kant fühlte sich angesprochen und schrieb einen Aufsatz, in dem er genau das sagte. Er war eben der Meinung, dass die Wahrheit etwas

Lügen erlaubt?

Benjamin Constant (1767–1830, französischer Philosoph) sagte: »Kein Mensch hat Recht auf eine Wahrheit, die anderen schadet.« Da der Mörder die Auskunft erbittet, um ein Verbrechen zu begehen, darf man ihm gegenüber selbstverständlich lügen.

Kant widersprach: Die Wahrhaftigkeitspflicht lasse keine Einschränkungen zu, »weil Wahrhaftigkeit eine Pflicht ist, … deren Gesetz, wenn man ihr auch nur die geringste Ausnahme einräumt, schwankend und unnütz gemacht wird«. »Wahrhaftigkeit in Aussagen, die man nicht umgehen kann, ist formale Pflicht des Menschen gegen jeden, es mag ihm oder einem anderen daraus auch noch so großer Nachteil erwachsen.«

so Wertvolles ist, dass man sie unter keinen Umständen aufgeben darf.«

»Das finde ich aber nicht richtig«, sagte Ferdinand, »wenn man mit einer kleinen Lüge ein Menschenleben retten kann, das ist doch viel wichtiger.«

»Ich verstehe, was du meinst«, stimmte ihm Onkel Gottfried bei. »Und ich bin ganz deiner Meinung. Übrigens nicht nur ich, sondern auch viele andere. Luther zum Beispiel hat die ›Nutzlüge‹, wie man damals sagte, nicht als Sünde angesehen. Die überzeugendste Lösung aber hat ein anderer Philosoph gefunden: Schopenhauer, und ich glaube, du denkst genau das, was er auch meint. Warum willst du die Lüge in so einem Fall erlauben?«

»Na, weil die Schläger den armen Typen ja verfolgt haben und sie ihn womöglich umgebracht hätten ohne die Lüge.«

»Ja, du bist auf der richtigen Spur. Überlege doch mal, was wäre denn, wenn da keine Möglichkeit zum Verstecken gewesen wäre, der Passant aber ein Kung-Fu-Kämpfer wäre.«

»Mann, da wäre es den Skins wahrscheinlich schlecht gegangen!«, rief Ferdinand. »Der hätte die ordentlich vermöbelt.«

»Und, hätte der das tun dürfen?«, fragte der Onkel. »Früher gab es mal die Fernsehserie ›Kung Fu‹ mit David Carradine, deshalb weiß ich, als Kung-Fu-Meister ist er Beschränkungen unterworfen, er darf doch nicht andere angreifen.«
»Na, aber sich und andere verteidigen darf er doch auf jeden Fall. Dazu ist Kung-Fu ja da«, sagte Ferdinand.

> »Ich habe also in den Fällen, wo ich ein Recht zur Gewalt habe, es auch ZUR LÜGE: so z. B. gegen den Räuber und unberechtigten Gewältiger jeder Art, die ich demnach durch List in eine Falle locke.«
> Arthur Schopenhauer, 1788–1860,
> Deutscher Philosoph

»Das heißt, und so sehen es übrigens auch unsere Gesetze, unter bestimmten Umständen darf man Gewalt einsetzen. Und wie ist es mit der Lüge? Wenn du Kant folgst …«
»… dürfte ich keinesfalls lügen«, fuhr Ferdinand fort. »Dann dürfte ich in so einer Situation zwar die Angreifer vermöbeln, aber sie nicht belügen. Das ist doch Unsinn. Wenn es sogar erlaubt ist, Gewalt anzuwenden, muss es doch erst recht erlaubt sein, zu lügen.«
»Ja, und so hat es auch der Philosoph Schopenhauer gesehen. Er hat Lügen und Gewalt als zwei verwerfliche Dinge verglichen und deshalb genauso argumentiert wie du«, sagte der Onkel.
»Die Wahrheit«, sagte der Onkel, »ist etwas sehr Wertvolles, das man schützen muss. Es gibt aber auch noch andere Werte. Es kann sein, dass man lügen darf und muss, um etwas noch Wertvolleres zu schützen.
»Zum Beispiel das Leben des Verfolgten«, sagte Ferdinand.
»Genau«, sagte der Onkel, »oder auch nur die Gefühle eines anderen. Wenn zum Beispiel jemand bei einem Unfall im Gesicht verletzt worden ist und jetzt ganz fürchterlich aussieht, dann dürfte man nicht ›Bist du aber hässlich!‹ zu ihm sagen, auch wenn man ihn hässlich findet. Nur muss man da aufpassen,

dass man nicht schnell eine Ausrede sucht und lügt, um es bequemer zu haben. Und die meisten gehen heute noch weiter«, fuhr der Onkel fort. »Weil Lügen nichts Körperliches ist, darf man nicht nur bei einem Angriff mit Gewalt lügen, sondern auch bei einem Angriff mit Worten. Wenn also jemand etwas wissen will, was ihn nichts angeht, und genau das zu sagen ist nicht möglich, dann darf man auch in so einem Fall lügen.«

»Dann darf ich also auch lügen«, entgegnete Ferdinand, »wenn der Lehrer wissen will, ob mein Freund etwas angestellt hat. Wenn ich da nämlich antworte: ›Dazu sage ich nichts!‹, weiß der Lehrer sofort, dass es mein Freund gewesen ist. Denn sonst könnte ich ja antworten.«

»Halt, so einfach ist es nicht. Überlege doch einmal: Hat der Lehrer ein Recht, das zu erfahren?«

»Na ja«, gab Ferdinand kleinlaut zu, »eigentlich schon. Das bedeutet dann, dass ich da auch nicht lügen darf.«

»Ich fürchte, so ist es«, meinte der Onkel und schmunzelte.

»Mist!«, seufzte Ferdinand, »Manchmal ist es ganz schön schwierig, sich richtig zu verhalten.«

Mehr Spaß am Leben!

Oder

Warum gibt es eigentlich Moral?

*V*ergiss nicht den Schindelmacher!«, sagte die kleine Hexe. »Den habe ich auch zur Vernunft gebracht!«

Sie hatte erwartet, dass sich die Muhme Rumpumpel nach besten Kräften bemühen würde, sie schlecht zu machen. Stattdessen las sie aus ihrem Merkheft nur Gutes vor.

»Stimmt das auch?«, fragte die Oberhexe nach jeder Geschichte.

»Jawohl!«, rief die kleine Hexe, »es stimmt!« – und war stolz darauf.

In ihrer Freude entging es ihr ganz und gar, dass die Oberhexe von Mal zu Mal strenger fragte. Sie merkte auch nicht, dass die übrigen Hexen bedenklicher mit den Köpfen wackelten. Wie erschrak sie daher, als plötzlich die Oberhexe entrüstet ausrief: »Und so etwas hätte ich morgen Nacht um ein Haar auf den Blocksberg gelassen! Pfui Rattendreck, welch eine schlechte Hexe!«

»Wieso denn?«, fragte die kleine Hexe betroffen. »Ich habe doch immer nur Gutes gehext!«

»Das ist es ja!«, fauchte die Oberhexe. »Nur Hexen, die immer und allezeit Böses hexen, sind gute Hexen! Du aber bist eine schlechte Hexe, weil du in einem fort Gutes gehext hast!«

Otfried Preussler, *Die kleine Hexe*

Bei Ferdinand zu Hause herrschte dicke Luft. Dabei hatte alles so gut angefangen. Es war der Geburtstag der Mutter. Und Ferdinand hatte ihr Blumen mitgebracht. Nun, eigentlich hatte er den Geburtstag vergessen und war ziemlich erschrocken: Er hatte kein Geschenk für seine Mutter. Und woher sollte er so auf die Schnelle eines bekommen? Noch dazu, wo das Taschengeld schon lange aufgebraucht war. Glücklicherweise war gerade Tulpenzeit. Deshalb war Ferdinand kurzerhand noch einmal nach draußen gegangen und hatte in dem kleinen Park bei ihrem Haus ein paar Blumen »geholt«. Ein bisschen mulmig war ihm ja schon dabei, einfach so im Park die Blumen mitgehen zu lassen, aber er saß in der Klemme. Ohne Geschenk am Geburtstag der Mutter, das ging nicht. Geld hatte er keines. Außerdem hatten ihm seine Freunde schon oft erzählt, wie sie Blumen holen gegangen waren, und einmal hatte er auch schon dabei Schmiere gestanden. Deshalb wartete er, bis niemand in der Nähe war, und dann schnitt er schnell ein paar Tulpen ab. Da war ein recht großes Beet und Ferdinand machte einen wirklich großen Strauß. Zu groß, wie sich später herausstellte. Zuerst hatte sich die Mutter gefreut. Richtig gefreut. Aber irgendwie musste sie Verdacht geschöpft haben.

»So ein großer Strauß«, sagte sie. »Der war doch sicher teuer. Wo hast Du denn so viel Geld her?«

»Ooooch …«, sagte Ferdinand, und da war es auch schon geschehen. Die Mutter hatte plötzlich gar nicht mehr ihr Geburtstagsgesicht und ihr Ton war ganz streng:

»Wo sind die Blumen her?«, fragte sie. Ferdinand versuchte erst noch schnell etwas zu erfinden, aber es fiel ihm nichts ein, und als die Mutter noch strenger sagte: »Ich will wissen, wo du die Blumen herhast!«, gab Ferdinand auf.

»Aus dem Park«, sagte er kleinlaut.

Und dann war was los!

»Du schenkst mir gestohlene Blumen zum Geburtstag!«, rief

die Mutter entrüstet. »Wie kannst du dir nur so etwas einfallen lassen?«

»Aber ich wollte dir doch nur eine Freude machen«, sagte Ferdinand. »Da waren doch so viele Blumen. Da fallen die paar doch gar nicht auf.«

»Und wenn das alle machen? Außerdem brauchen wir da nicht lange rumreden. Man klaut keine Blumen aus dem Park.«

Ferdinand hoffte, sie etwas milder stimmen zu können: »Aber warum denn, wenn da genügend sind und sie im Park auch bald verblüht sind.«

Aber damit kam er bei seiner Mutter nicht durch. »Das tut man einfach nicht«, sagte sie. »Das ist einfach falsch. Das ist unmoralisch.«

Da war sie wieder, diese blöde Moral. Immer, wenn die Erwachsenen nicht mehr sagen können, warum man etwas nicht tun soll, dann sagen sie einfach: wegen der Moral. Ferdinand fragte sich, wozu es die eigentlich gibt.

Wozu gibt es Moral?
Warum soll man sich an sie halten?

»Es wäre doch so viel einfacher, wenn es diesen ganzen Unsinn nicht gäbe«, dachte Ferdinand. Erst vor ein paar Tagen hatten sie in der Familie auch schon darüber gestritten. Ferdinand war vom Fußballspielen nach Hause gekommen.

»Und, wie war's?«, fragte die Mutter. Normalerweise hasste Ferdinand diese Frage, aber heute fand er sie ganz gut:

»Wir haben gewonnen. Wegen mir!«

»Das ist ja toll!«, sagte die Mutter. »Hast du das entscheidende Tor geschossen?«

»Nö, aber die Mannschaft hat mir den Sieg trotzdem zu verdanken. Ohne mich hätten wir den Elfer nie bekommen.«

»Ah so«, sagte die Mutter und nichts weiter. Sie hatte wohl mal wieder nichts verstanden. Inzwischen war auch Ferdinands Vater dazugekommen.

»Ihr habt gewonnen! Toll!« Er hatte von draußen schon alles gehört. »Und wie hast Du das mit dem Elfer gemacht?«

»Na, ich hab 'ne Schwalbe gemacht. Als der Andi von der Heinrich-Schule im Strafraum an mir vorbeizog, hab ich mich hingeworfen, als wenn er mir sein Bein gestellt hätte, und der Schiri hat den Elfer gegeben.«

»Klasse!«, sagte der Vater und strahlte. In Momenten wie diesen mochte Ferdinand seinen Vater ganz besonders. Aber die Mutter hakte nach.

»Wie, du hast dich hingeworfen und deshalb hat es einen Elfmeter gegeben? Aber der Andi hat dich doch gar nicht gefoult. Das hättest du doch sagen können. Und was hat das jetzt mit einer Schwalbe zu tun?« Sie hatte wohl wirklich nichts verstanden.

»Mann, ich konnte doch nichts sagen«, meinte Ferdinand, »dann hätten wir ja den Elfer nicht bekommen und nicht gewonnen. Das war doch der Sinn des Ganzen.«

»Eine Schwalbe bedeutet, sich im Strafraum absichtlich so fallen zu lassen, dass es aussieht wie ein Foul, damit man den Elfmeter bekommt«, klärte der Vater die Mutter auf. »Wir haben das früher sogar immer im Training geübt – inoffiziell natürlich, aber das machen alle. Ihr doch bestimmt auch, Ferdinand?«

»Ja genau!«, sagte der, »und heute hat es sich gelohnt.«

»Macht man das wirklich?«, fragte die Mutter ungläubig. »Das ist doch nicht richtig.«

»Ja, schon«, antwortete der Vater, »genau genommen eigentlich nicht. Eigentlich ist es ja geschwindelt. Aber es machen alle, und wenn man damit gewinnt …«

»Dann hat man nicht verdient gewonnen!«, sagte die Mutter jetzt bestimmt. »Wenn man nur dank eines Betruges gewinnt, dann hat man moralisch gar nicht gewonnen. Man hat sogar verloren.« Und schließlich musste dem auch der Vater zustimmen.

»Blöde Moral!«, sagte Ferdinand nur noch und konnte sich über seinen Sieg gar nicht mehr richtig freuen.

Als Ferdinand sein nächstes Taschengeld bekam, kaufte er seiner Mutter einen Blumenstrauß, zwar keinen so großen wie der aus dem Park, aber immerhin. »Nachträglich«, sagte er, als er ihn der Mutter gab. Und weil die sich so freute, traute er sich auch, die Sache noch einmal anzusprechen.

»Wozu gibt es eigentlich Moral?«, fragte er.

»Das ist ja mal wieder eine typische Ferdinand-Frage!«, meinte sein Vater nur, aber die Mutter fragte erst einmal: »Wie kommst du denn da drauf?«

Die Sache mit den Blumen sprach Ferdinand freilich nicht wieder an, das war ihm zu gefährlich. Jetzt, wo der Groll gerade verflogen war; was er aber erzählte, war die Geschichte mit der Schwalbe.

»Das ist doch gerade das Typische an der Moral, dass man sich an sie halten soll. Dazu gibt es sie«, sagte der Vater, was Ferdinand aber nicht verstand; noch dazu hatte der Vater doch auch das mit der Schwalbe gut gefunden.

Jetzt aber war Ferdinands Mutter etwas eingefallen: »Da war doch vor einiger Zeit was mit so einem Radfahrer, der auf seinen gestürzten Kollegen gewartet hat.« Das war wieder typisch für seine Mutter, »so ein Radfahrer« zu sagen, weil sie nicht wusste, wer das war.

»Das war Jan Ullrich«, sagte Ferdinand.

»Der auf Lance Armstrong gewartet hat, nachdem der gestürzt war. Und deshalb hat dann Armstrong die Etappe gewonnen und nicht Ullrich«, ergänzte der Vater.

»Das war echt groß von ihm! Ziemlich toll!«, sagte Ferdinand.

»Und warum hat er das gemacht?«, fragte die Mutter.

»Na, weil das super Sportsgeist von ihm war«, sagte Ferdinand.

»Eben, und das ist so etwas wie Moral«, sagte die Mutter.

»Dann ist ja Moral gar nicht immer etwas Schlechtes«, meinte Ferdinand.

»Natürlich nicht, wie kommst Du denn auf so etwas?«, sagte der Vater, der sich auch wieder am Gespräch beteiligen wollte.

»Und noch etwas«, sagte die Mutter. »Du hast dich doch vor ein paar Wochen so aufgeregt, weil ein paar aus den oberen Klassen einen von deinen Freunden so schikaniert haben.«

»Das war aber auch fies, der konnte sich ja gar nicht wehren, weil sie größer waren und außerdem mehrere gegen ihn allein.«

»Siehst du, und was ist passiert?«, fragte die Mutter.

»Die aus der Oberstufe mussten zum Direktor und wurden bestraft.«

»Eben weil sie etwas Schlechtes gemacht haben. Sie haben Sachen gemacht, die man nicht tun soll, weil man nicht gut miteinander leben kann, wenn einfach die Stärkeren die Schwächeren schikanieren. Damit so etwas nicht passiert, gibt es eben die Moral.«

»Dann ist die Moral also so etwas wie die Spielregeln des Zusammenlebens«, sagte Ferdinand.

»Ja genau!«, sagten Vater und Mutter fast gleichzeitig.

Ferdinand überlegte: »Dann verstehe ich nur nicht, warum die moralischen Sachen immer die sind, die keinen Spaß machen.«

»Das ist nun einmal so«, sagte der Vater. »Man kann nicht nur Spaß haben. Das Leben ist nun einmal keine ständige Party.«

Ferdinand wusste gleich, mit so einer Frage war er am besten bei Onkel Gottfried aufgehoben. Der war gerade dabei, Tulpen, die er gekauft hatte, in eine Vase zu geben.

Sind die moralischen Sachen immer die, die keinen Spaß machen? Will uns die Moral den Spaß am Leben nehmen?

»Ausgerechnet Tulpen!«, sagte Ferdinand und streichelte Anton. Der Onkel schaute ein bisschen irritiert. Deshalb erzählte Ferdinand die ganze Geschichte, während der Onkel die Blumen unten anschnitt. Ferdinand hatte genug Zeit zum Erzählen, denn es dauerte eine ganze Weile, bis Onkel Gottfried die richtige Vase gefunden hatte. Immer wieder probierte er, wie der Strauß darin aussah, war unzufrieden und stellte sie wieder zurück. Ferdinand staunte nicht schlecht, wie viele Vasen der Onkel hatte: große, kleine, breite, schmale, aus Porzellan, aus Glas und vor allem in allen Farben. Zu Hause bei Ferdinand gab es nur zwei Vasen. Oder drei, wenn man die große Bodenvase mitrechnete. Aber in der steckten schon seit Ferdinand sich erinnern konnte die gleichen Trockenblumen, das zählte nicht.

»Du gibst dir da aber viel Mühe«, sagte Ferdinand zwischendurch.

»Man kann doch Barbar sein und trotzdem Blumen lieben«, entgegnete der Onkel.

»Was soll denn das?«, fragte Ferdinand.

»Ach nichts, das ist aus ›Asterix bei den Goten‹. Aber erzähl weiter.« Schließlich hatte der Onkel eine Vase gefunden, die ihm gefiel, und als der Strauß dann am Tisch stand, war Ferdinand bei seiner Frage angekommen: Warum will uns die Moral den Spaß am Leben verderben?

»Ganz im Gegenteil!«, sagte der Onkel. »Die Moral ist dazu da, uns ein besseres Leben zu bereiten. Man sagt sogar, die Ethik ... Sag mal, weißt du überhaupt, was Ethik ist?«

> *»Und man darf nicht vergessen, dass die Moral die Funktion hat, das gute Leben der Einzelnen zu fördern und es nicht mehr als nötig zu stören. Die Moral ist für den Menschen da, nicht der Mensch für die Moral.«*
>
> William K. Frankena, 1908–1994, Amerikanischer Moralphilosoph

»Klar«, sagte Ferdinand, »das ist das Fach, das die Schüler haben, die keine Religion haben.«

»Nun ja«, sagte der Onkel, »es ist zwar richtig, das Fach heißt so, aber die eigentliche Ethik ist etwas anderes. Häufig verwendet man Ethik und Moral oder ethisch und moralisch ganz gleich. Aber streng genommen ist das etwas anderes. Die Ethik ist die Wissenschaft, die versucht, allgemeine Aussagen über das gute und gerechte Handeln zu treffen. Wenn man so will, ist es die Wissenschaft, die untersucht, wie die Moral aussehen soll und warum. Gut, das klingt vielleicht ein bisschen zu kompliziert, aber das ist jetzt auch nicht so wichtig. Worauf ich hinauswollte, ist, es gibt Leute, die sagen, in Wirklichkeit ist die Ethik die Lehre, wie man sich ein schöneres Leben macht. Das heißt, die Moral ist nichts anderes als ein schönes Leben.«

»Na, davon habe ich aber noch gar nichts gemerkt«, sagte Ferdinand. »Eher umgekehrt. Meistens heißt es doch: ›Das tut man nicht! Lass das! Das ist schlecht! Das ist falsch! Man tut dies. Man tut das.‹ Von schönes Leben habe ich da noch nichts gehört.«

»Das kommt daher, dass die meisten Leute die Moral mit anderen Sachen verwechseln. Viele sagen einfach irgendetwas wäre ›unmoralisch‹ oder ›unsittlich‹, weil es nicht üblich ist. Wenn jemand in der Öffentlichkeit mit dem Finger in der Nase bohrt, dann ist das vielleicht nicht schön oder unhöflich, aber deswegen noch lange nicht unmoralisch. Und auch für etwas anderes wird ›unmoralisch‹ oft missbraucht, und zwar immer dann, wenn es um Sex geht.«

Ferdinand horchte auf, aber der Onkel winkte ab: »Da reden wir ein anderes Mal drüber. Was ich meine, ist Folgendes: Die Ethik will erklären, wie man sich verhalten soll, damit das Leben besser funktioniert.«

»Das versteh ich jetzt nicht«, sagte Ferdinand, dem das alles zu theoretisch war.

»Schau her«, sagte der Onkel. »Du hast doch selbst gerade von diesem Radfahrer Jan Ullrich erzählt. Wie der sich verhalten hat, das hat dir doch gefallen. Oder?«

»Ja, natürlich«, sagte Ferdinand.

»Dann ist doch das Leben besser, wenn jemand sich so verhält. Man könnte natürlich jetzt anfangen und eine Regel daraus machen: ›Regel Nummer soundso: Es ist unmoralisch, weiterzufahren, wenn ein anderer ohne eigene Schuld gestürzt ist!‹ Das klingt schon gar nicht mehr so schön. Aber das ist oft das Einzige, was wir von moralischen Grundsätzen sehen, und deshalb glauben wir, sie schränken uns vor allem ein. Wenn man dagegen sagt: ›Alle sollen fair und sportlich sein‹ dann merkt man schon eher, dass uns das das Leben schöner macht. Du willst doch auch fair und sportlich behandelt werden.«

»Das schon«, sagte Ferdinand. »Aber eines verstehe ich immer noch nicht. Klar, fair und sportlich ist ok. Und sonst heißt es dann eben, ›nicht auf die Kleinen‹, oder ›jeder soll eine Chance haben‹ und lauter so Sachen. Was man aber nie darf, ist etwas tun, nur weil man es eben will. Einfach das tun, worauf man Bock hat. Eine Sache ist doch immer unmoralisch, wenn man einfach nur Spaß haben oder glücklich sein will. Ja natürlich denkt man da dann an sich, aber was spricht denn da dagegen?«

»Gar nichts!«, sagte der Onkel und grinste.

»Wie, gar nichts?« Ferdinand war völlig überrascht. »Dann brauche ich kein schlechtes Gewissen zu haben, wenn ich mache, was mir Spaß macht, statt etwas anderes, was ich tun soll?«

Was ist schlecht daran, glücklich sein zu wollen?

»Nun mal langsam«, sagte der Onkel. »Jetzt bringst du zwei Sachen durcheinander. Das, was du nicht tust, und das, was du stattdessen machst. Und in diesem Fall liegt das Problem bei dem, was du nicht machst. Wenn das etwas Wichtiges ist, kann es schon sein, dass du ein schlechtes Gewissen haben musst. Wenn jemand dringend deine Hilfe braucht, du aber zum Baden gehst, weil du da mehr Bock drauf hast. Dann ist es falsch, dass du nicht hilfst. Aber es ist nichts grundsätzlich Falsches daran, dass du am Baggersee bist.«

»Das ist ja cool«, sagte Ferdinand.

»Hör bloß nicht auf die Leute«, fuhr der Onkel fort, »die dir einreden wollen, nur was wehtut, ist gut. Du sollst mit deinem Leben ja nicht bestraft werden, sondern es soll dir gefallen. Gegen die Idee, dass alles moralisch wertlos ist, was Spaß macht, hat schon vor über 200 Jahren der Dichter Friedrich Schiller gespottet. Mit dem Beispiel, dass man einem Freund hilft, was man gern tut, weil man den Freund mag. Zu helfen ist ja etwas moralisch Wertvolles, und es wäre doch Unsinn, wenn es das nicht mehr wäre, nur weil man es gerne macht.«

Ferdinand staunte. Aber er sollte noch viel mehr staunen, denn der Onkel erklärte weiter: »Im Gegenteil, eine ganze Reihe von Philosophen hat schon immer gesagt, dass es nicht nur völlig richtig ist, glück-

> »Gerne dien ich den Freunden,
> doch tu ich es leider mit Neigung,
> Und so wurmt es mir oft,
> dass ich nicht tugendhaft bin.«
> »Da ist kein anderer Rat,
> du musst suchen, sie zu verachten,
> und mit Abscheu alsdann tun,
> wie die Pflicht dir gebietet.«
>
> Friedrich Schiller, 1759–1805,
> Deutscher Dichter

lich sein zu wollen, sondern, dass es auch das höchste Ziel ist. Einer der ersten war Aristoteles, ein griechischer Philosoph, der vor über 2300 Jahren gelebt hat. Er wollte wissen, was wohl ›das Gute‹ ist. Dafür hat er sich überlegt, das müsste man doch daran erkennen, dass es das Wertvollste ist, was alle haben wollen.«

»Das kann dann aber alles Mögliche sein. Geld zum Beispiel. Das wollen alle haben«, sagte Ferdinand.

»Richtig, aber warum wollen alle Geld?«

»Na, weil man sich damit alles kaufen kann. Oder fast alles.«

»Siehst du«, sagte der Onkel. »Dann ist für die Leute das Geld gar nicht das Wichtigste, weil sie es nur brauchen, um sich etwas kaufen zu können. Das wollen sie dann doch lieber haben als das Geld.«

»Das stimmt eigentlich«, sagte Ferdinand. »So habe ich das noch nie gesehen.«

»Aber Aristoteles«, sagte Onkel Gottfried. »Er hat eben gemeint, es muss doch etwas geben, was man nicht nur anstrebt, um etwas anderes zu bekommen, wie etwa Geld. Sondern etwas, das man nur haben will, weil es einem speziell darauf ankommt.«

»Und was ist das jetzt?«, fragte Ferdinand.

»Sein Ergebnis war, dass das, was alle haben wollen, eben ist, glücklich zu sein; oder ›Glückseligkeit‹, wie er es nannte.«

»Wunderbar!«, rief Ferdinand. »Ich glaube, ich bin

> *»Wenn es aber ein Ziel des Handelns gibt, das wir um seiner selbst willen wollen, [...] wenn wir also alles um eines anderen willen erstreben (denn so ginge es ins Unbegrenzte und das Streben wäre leer und sinnlos), dann ist klar, dass jenes das Gute und Beste ist [...]«*
>
> *»Derart dürfte in erster Linie die Glückseligkeit sein. Denn diese wünschen wir stets wegen ihrer selbst und niemals wegen eines anderen.«*
>
> Aristoteles, 384–322 v. Chr.,
> Griechischer Philosoph

> *»Das Gute ist für den Menschen die Tätigkeit der Seele aufgrund ihrer besonderen Befähigung, und wenn es mehrere solche Befähigungen gibt, nach der besten und vollkommensten; und dies außerdem noch das ganze Leben hindurch. Denn eine Schwalbe macht noch keinen Frühling, und auch nicht ein einziger Tag; so macht auch ein einziger Tag oder eine kurze Zeit niemanden glücklich oder selig.«*
>
> Aristotcles, 384–322 v. Chr.,
> Griechischer Philosoph

Aristoteles-Fan. Jetzt mache ich nur noch, was mich glücklich macht.«

»Das kannst du natürlich schon«, sagte der Onkel. »Aristoteles-Anhänger zu sein oder Aristoteliker, wie man sie nennt, ist auf jeden Fall gut. Das war nämlich ein verdammt kluger Mann. Nur darfst du jetzt nicht glauben, dass es dabei um reine Lust und Spaß ging, sondern der Mensch sollte darin glücklich werden, das zu tun, was er am besten kann.«

»Das könnte dann auch eine schwere Arbeit sein, wenn man darin gut ist?«, fragte Ferdinand. »Das versteh ich aber nicht unter glücklich sein.«

»Genau«, sagte der Onkel, »bei Aristoteles muss das nicht immer Spaß sein. Es gab aber auch Philosophen, die wirklich meinten, man soll die reine Lust und den Spaß anstreben, das sei moralisch. Man nennt sie nach dem griechischen Wort für Lust ›Hedonisten‹.«

»Das gefällt mir. Ich glaube, noch lieber als Aristoteliker bin ich Hedonist«, sagte Ferdinand. »Ich mache, was mir Spaß macht, und das soll ich auch noch tun. Und falls mir das einmal jemand vorwerfen will, sage ich: ›Ich bin Hedonist‹ und niemand kann mir mehr einen Vorwurf deswegen machen.«

»Ja«, sagte der Onkel, »aber überleg doch mal, was du vorhin erzählt hast. Von den Jungs aus der Oberstufe, die deinen Freund so schlecht behandelt haben.«

»Ja, was ist damit?«

»Denen hat das Schikanieren doch bestimmt Spaß gemacht. Nach hedonistischen Gesichtspunkten wäre das dann aus ihrer Sicht richtig.«

»Oh, das ist dann vielleicht doch nicht so gut«, meinte Ferdinand und hörte weiter zu.

»Und dann war da noch ein weiterer Philosoph, Epikur«, fuhr der Onkel fort. »Der meinte, dass die Lust das Ziel sei, aber er verstand etwas ganz anderes unter der Lust: nämlich die Seelenruhe, die man durch Genügsamkeit erreicht. Also fast das Gegenteil von dem, was du dir erhofft hast.«

»Ja Wahnsinn! So kann man alles hindrehen, wie es einem passt«, protestierte Ferdinand. »Zu sagen, dass man Spaß haben soll, und der besteht dann darin, möglichst wenig Spaß zu haben. Am Schluss sagt mir dann noch jemand, dass das größte Glück ist, gar keinen Spaß und gar nichts zu haben.«

»Ja«, sagte der Onkel. »Und das war auch noch einer der bekanntesten Philosophen überhaupt: Diogenes. Man kennt ihn allerdings weniger wegen seiner Gedanken, sondern weil er in

> *»Wenn wir sagen, die Lust sei das Ziel, meinen wir damit nicht die Lüste der Hemmungslosen und jene, die im Genuss bestehen, wie einige, die dies nicht kennen und nicht eingestehen oder böswillig auffassen, annehmen, sondern: weder Schmerz im Körper noch Erschütterung in der Seele zu empfinden.«*
>
> Epikur, 341–271 v. Chr.,
> Griechischer Philosoph

> *Eines Tages lag Diogenes in der Sonne, als Alexander der Große zu ihm kam, der viel von ihm gehört hatte. Alexander wollte dem berühmten Philosophen etwas Gutes tun und sagte: »Wünsch dir, was du möchtest.« Diogenes antwortete darauf: »Geh mir aus der Sonne!«*
>
> Diogenes von Sinope,
> 412–323 v. Chr.,
> Griechischer Philosoph

> *Die Auffassung, für die die Nützlichkeit oder das Prinzip des größten Glücks die Grundlage der Moral ist, besagt, dass Handlungen insoweit und in dem Maße moralisch richtig sind, als sie die Tendenz haben, Glück zu befördern, und insoweit moralisch falsch, als sie die Tendenz haben, das Gegenteil von Glück zu bewirken. Unter »Glück« (happiness) ist dabei Lust (pleasure) und das Freisein von Unlust (pain), unter »Unglück« (unhappiness) Unlust und das Fehlen von Lust verstanden.«*
>
> John Stuart Mill, 1806–1873,
> Englischer Philosoph

einer Tonne gelebt hat und ziemlich frech zu allen war. Sein Ziel war es, möglichst genügsam zu sein, und deshalb hat er auch in der Tonne gelebt, damit er kein Haus und keine Wohnung brauchte. Du siehst, auch so kann man das Glücklichsein sehen.«

»Na, ich weiß nicht«, sagte Ferdinand.

»Damit ist dir jetzt wahrscheinlich nicht geholfen«, fuhr der Onkel fort. »Bei dem Wetter, das bei uns herrscht, solltest du nicht in einer Tonne leben und es ist auch nicht sehr wahrscheinlich, dass dich ein König wie Alexander der Große fragt, was du dir wünschst.«

»Das fände ich aber ziemlich gut«, sagte Ferdinand. »Mir würde da auch mehr einfallen, als dass er aus der Sonne gehen soll. Wenn man sich das Richtige wünscht, kann man den Rest seines Lebens so viel Sonne haben, wie man will.«

»Ich sehe schon, du würdest nicht zu kurz kommen, und die Bedürfnislosigkeit des Diogenes überzeugt dich nicht wirklich. Man kann über diese antiken Philosophien natürlich unterschiedlicher Ansicht sein, aber das Prinzip des Glücks liegt auch einer der wichtigsten heutigen ethischen Theorien zugrunde: dem so genannten Utilitarismus.«

»Was ist denn das nun schon wieder?«, fragte Ferdinand verwirrt. »Das klingt kompliziert.«

»Das ist es aber gar nicht«, sagte der Onkel. »Der Name kommt daher, dass es darum geht, wie nützlich etwas ist. Deshalb hat man sie nach dem lateinischen Wort ›utilitas‹ für Nützlichkeit benannt. Die Theorie besagt, dass etwas, das man tut, dann gut oder moralisch ist, wenn es eindeutig das Glück vermehrt oder das Unglück vermindert. Es muss also mehr gute als schlechte Folgen haben.«

»Das hört sich ja sympathisch an«, meinte Ferdinand. »Je mehr Freude ich an etwas habe, umso besser ist es auch moralisch.«

»So ähnlich«, fuhr der Onkel fort. »Allerdings richtet sich das nicht nur nach dem, der handelt, also nach deinem Glück, sondern nach dem von allen Beteiligten. Es müssen also auch die anderen mit einbezogen werden. Kurz gefasst, soll es möglichst vielen möglichst gut gehen.«

»Das ist ja noch viel besser, als Hedonist zu sein«, rief Ferdinand. »In Zukunft bin ich Utilitarist. Da geht es mir gut und den anderen auch.«

»Das ist der beste Fall. Weil die Summe entscheidend ist, kann es aber auch sein, dass es einem nicht so gut geht, wenn es nur genügend anderen gut geht. Und der eine könntest auch du sein. Der Utilitarismus ist also gar nicht unbedingt was für Egoisten. Das sind Leute, die in erster Linie an sich selbst denken, auch

> »*The greatest happyness for the greatest number of people.*«
>
> »*Das größte Glück der größten Zahl von Menschen.*«
>
> Jeremy Bentham, 1748–1832,
> Englischer Philosoph

auf Kosten anderer.« Der Onkel hatte Ferdinands fragendes Gesicht gesehen. »Eigentlich denken die meisten Menschen utilitaristisch, wenn ihnen die anderen nicht völlig egal sind.«

»Das musst du mir erklären«, sagte Ferdinand. »Wann ist das denn so?«

»Ach Gott, ein Beispiel«, überlegte der Onkel. »Das ist oft gar nicht so einfach. Warte mal … Ja, zum Beispiel wenn jemand nachts laut Musik hören möchte. Ein reiner Egoist dreht einfach seine Anlage auf, bis die Polizei kommt. Wer ein bisschen an die Nachbarn denkt, tut das nicht. Und zwar nicht nur wegen der Polizei, sondern … Warum?«

»Na, weil die anderen schlafen wollen.«

»Ja, eben«, sagte der Onkel. »Und hinter dieser Überlegung steckt der Utilitarismus. Die laute Musik macht dem einen Spaß, aber alle anderen bringt sie um den Schlaf, bereitet ihnen also Unlust. Deshalb ist sie unterm Strich negativ. Und genau das überlegt man sich, auch wenn man sich nicht klar ist, dass man damit utilitaristische Prinzipien anwendet.«

»Uff!«, sagte Ferdinand nur noch. Das war jetzt doch eine ganze Menge gewesen. Das mit der Moral hatte er sich bisher viel einfacher vorgestellt: Da gibt es Regeln, die man halt kennen muss. Die Zehn Gebote zum Beispiel. Und eigentlich weiß man doch sowieso, was richtig ist und was nicht, dachte Ferdinand. Man merkt es doch, wenn man etwas Falsches getan hat, weil man Gewissensbisse bekommt. Das musste er den Onkel jetzt noch fragen.

»Wozu braucht man eigentlich diese ganzen Sachen, die auf -ismus enden? Da widersprechen sich die Philosophen, und jeder meint was anderes. Dabei hat man doch sein Gewissen. Es müsste doch reichen, wenn man darauf hört. Und anscheinend kennt mein Gewissen sogar den Utilitarismus, ohne dass ich ihn kenne.«

> *Wieso reicht es nicht, wenn man*
> *auf sein Gewissen hört?*
> *Ist nicht die einfachste und beste Moralregel:*
> *»Tu, was dein Gewissen sagt!«?*

»Nun ja, im Allgemeinen hast du natürlich Recht«, sagte der Onkel. »Für jeden Tag und bei den alltäglichen Sachen ist das eigene Gewissen sicherlich das Richtige. Man kann ja nicht jedes Mal, wenn man irgendetwas tun will, in die Bibliothek gehen, um nachzusehen, was die Ethik dazu sagt.«

»Genau«, sagte Ferdinand.

»Ja«, sagte der Onkel, »dafür ist das Gewissen da und daher kommt auch sein Name. Es bedeutet eigentlich ›Mit-Wissen‹, weil es ja eben die eigenen Handlungen mit ansieht und alles weiß. Du kennst vielleicht diese Waschmittelwerbungen, die es früher mal gab, bei denen sich jemand, der Wäsche waschen will, plötzlich verdoppelt und der zweite sagt, was er tun soll.«

»Wie? Das hab ich noch nie gesehen«, sagte Ferdinand. »Was hat denn Wäschewaschen mit Gewissen zu tun?«

»Natürlich nichts. Wahrscheinlich gibt es die Werbung genau aus dem Grund nicht mehr und deshalb kennst du sie auch nicht. Aber das macht nichts. Das Gewissen ist auf jeden Fall immer da und überprüft laufend das, was man macht. So wie ein innerer Richter, der alle Handlungen beurteilt.«

»Das ist ja wie mein Virenschutzprogramm«, sagte Ferdinand. Und als der Onkel fragend schaute, erklärte er: »Im Computer läuft ein Virenschutzprogramm. Das ist speicherresident vorhanden und überprüft alles, was am Computer passiert, aber auch alles, was reinkommt und rausgeht, ob da nicht ein Vi-

> *»Eben ist so das Gewissen nicht etwas Erwerbliches, und es gibt keine Pflicht, sich eines anzuschaffen; sondern jeder Mensch, als sittliches Wesen, hat ein solches ursprünglich in sich. ...*
>
> *Die Pflicht ist hier nur sein Gewissen zu cultiviren, die Aufmerksamkeit der Stimme des inneren Richters zu schärfen und alle Mittel anzuwenden (mithin nur indirecte Pflicht), um ihm Gehör zu verschaffen.«*
>
> Immanuel Kant, 1724–1804,
> Deutscher Philosoph

rus darin versteckt ist, der Schaden anrichten kann. Im schlimmsten Fall crasht dir so ein Virus die ganze Festplatte. Deshalb habe ich dir doch auch so einen Virenschutz auf deinem Rechner installiert.«

»Ah ja«, sagte der Onkel, der zwar einen Computer hatte, sich aber um so etwas nicht kümmerte. Und tatsächlich hatte Ferdinand in den letzten Jahren dem Onkel schon ein paar Mal mit dem Computer geholfen. »Ich glaube, ich werde alt«, hatte der Onkel nur gesagt, aber irgendwie hatte es ihm gefallen, dass Ferdinand ihm half. Und Ferdinand freute sich sehr, dass er einmal etwas besser wusste als der Onkel. Außerdem war Onkel Gottfried sein Lieblingsonkel.

»Das scheint wirklich so etwas Ähnliches zu sein«, sagte der Onkel und schaute ein bisschen irritiert auf seinen Computer. »Mein Computer hat ein Gewissen und mein Neffe hat es installiert«, murmelte er halblaut vor sich hin, bevor er sich wieder an Ferdinand wandte: »Und woran erkennt das Virenprogramm die Viren? Woher weiß es, was gut und was schlecht ist?«

»Na, da gibt es doch laufend neue Versionen, die alle neuen Viren kennen, oder du kannst es über das Internet updaten.«

»Ah ja«, sagte der Onkel.

»Machst du das etwa nicht? Mann, dann nützt doch das ganze Programm nicht, wenn du irgendeine Uraltversion draufhast!«, sagte Ferdinand.

Der Onkel schaute noch irritierter. »Nun ja, wenn du meinst. Kannst du mir das mal bei Gelegenheit wieder einrichten?«

»Klar«, sagte Ferdinand, »mach ich.«

»Das wäre wirklich nett«, sagte der Onkel. »Eigentlich ist das wohl genau das Gleiche auch mit dem Gewissen. Es gibt zwar auch wieder Streit darüber, ob der Mensch nun von Natur aus gut oder böse ist, aber das Gewissen muss ja auch erst einmal lernen, was richtig und was falsch ist.

Das Gewissen ist zwar ein Wegweiser, aber irgendwann muss

auch einmal jemand wissen, in welche Richtung es geht und den Wegweiser aufstellen. Und was noch wichtiger ist, man muss sein Gewissen regelmäßig überprüfen.«

»So wie den Virenscanner updaten.«

»Ja, vermutlich. Das Gewissen kann nämlich auch einmal falsch liegen.«

»Wie soll das funktionieren?«, fragte Ferdinand.

> *»Der Mensch als Produkt seiner Umstände ist weder gut noch böse, sosehr ihm Anlage, Erziehung und Milieu den Weg zum Guten ebnen oder erschweren mögen. ... In diesem Sinne ist jeder von Grund aus der Erbauer seines sittlichen Seins – im Guten wie im Bösen.«*
>
> Nicolai Hartmann, 1882–1950,
> Deutscher Philosoph

»Nimm zum Beispiel die Sache mit den Blumen aus dem Park. Da hast du doch am Anfang gedacht, das ist schon in Ordnung. Und deshalb hat sich dein Gewissen auch nicht gerührt. Inzwischen hast du darüber nachgedacht und jetzt würde es wahrscheinlich schon protestieren.«

»Kann sein«, sagte Ferdinand und dachte nach.

»Weißt du was?«, fragte er schließlich seinen Onkel.

»Nein.«

»Wenn mein Gewissen das vorher nicht erkannt hat und jetzt schon, dann muss mir doch in der Zwischenzeit tatsächlich jemand die neueste Gewissenssoftware draufgespielt haben.«

Der kleine Kavalier

Oder

Warum Höflichkeit und Moral
nicht dasselbe sind

*S*obald sie die Stelle sahen, rief Christopher Robin: »Halt!«, und alle setzten sich hin und verschnauften.

»Ich glaube«, sagte Christopher Robin, »wir sollten jetzt unseren Proviant aufessen, damit wir nicht so viel zu tragen haben.«

»Unseren gesamten was aufessen?«, fragte Pu.

»Alles, was wir mitgebracht haben«, sagte Ferkel und machte sich an die Arbeit.

»Habt ihr alle etwas?«, fragte Christopher Robin mit vollem Mund.

»Alle außer mir«, sagte I-Ah. »Wie üblich.« Er sah sich verbittert nach ihnen um. »Ich vermute, keiner von euch sitzt zufällig auf einer Distel?«

»Ich glaube, ich«, sagte Pu. »Au!« Er stand auf und blickte hinter sich. »Ja, ich habe auf einer Distel gesessen. Hatte ich's mir doch gedacht.«

»Danke, Pu. Wenn du sie nicht mehr brauchst ...« I-Ah ging dorthin, wo Pu gesessen hatte, und begann seine Mahlzeit.

»Davon werden sie nämlich nicht besser, wenn man auf ihnen sitzt«, fuhr er fort, als er kauend den Kopf hob. »Das nimmt ihnen die ganze Frische. Denkt das nächste Mal daran, ihr alle. Ein bisschen Rücksicht, auch mal ein bisschen an andere denken – und gleich sieht alles ganz anders aus.«

A. A. Milne, *Pu der Bär*

»Ferdikind, komm her, willst du deine Tante nicht begrüßen?«
Ferdinand hatte das Gefühl, in einem schlechten Film mitzu-
spielen. Nur leider nicht in einer Heldenrolle, sondern in der
des Opfers: Tante Klärchen kam zu Besuch. Und die spielte
nicht nur die nur schwer zu ertragende entfernte Verwandte,
die allen auf den Wecker ging, sie war tatsächlich so. Wenn sie
einfiel, besetzte sie die Wohnung im Nu. Überall standen ihre
Koffer herum, aus dem Badezimmer roch es unerträglich
nach parfümierter Seife und sie selbst brüllte alles nieder.
Tante Klärchen war nämlich schwerhörig und redete deshalb
so laut, weil sie sich selbst auch nicht hörte. Das ginge ja alles
noch, dachte Ferdinand, aber dass sie ihn immer wie ein
Kleinkind behandelte, war das Letzte. »Bub«, oder noch
schlimmer: »Ferdikind«, wenn er das schon hörte. Nur, es half
nichts. Tante Klärchen war die Tante seiner Mutter, und die
legte größten Wert darauf, dass Ferdinand immer freundlich
zu Tante Klärchen war. Also ging er hin und gab ihr sogar das
Küsschen, das sie verlangte. Zum Glück sah ihn niemand.
»Ich habe dir auch was mitgebracht, Bub«, sagte Tante Klärchen und gab ihm ein eingepacktes Geschenk. »Das ist genau
das Richtige für so einen kleinen Kavalier wie dich.«
»Und!«, zischte Ferdinands Mutter zwischen den Zähnen in
seine Richtung.
»Äh, ja. Danke!« Er hatte sofort verstanden, was seine Mutter
meinte.
»Mach es doch gleich auf«, sagte die Tante. Ferdinand packte
es dann auch aus – nach einem kurzen Seitenblick auf seine
Mutter.
»Und, gefällt's dir?«, fragte Tante Klärchen. Ferdinand schaute
sich das Geschenk an. Es war ein Buch: ›Der kleine Kavalier –
Ein Anstands- und Benimmbuch für Jungs von heute‹. Ferdi-
nand war fassungslos. Das war das Letzte, was er haben
wollte.
»Ich finde es SO wichtig, dass die Kinder heute wieder mehr

Höflichkeit und Benehmen lernen. Nicht wahr, Bub? Ach, ist er nicht ein süßer Fratz? Freust du dich?«

Ferdinand zögerte, vielleicht einen Moment zu lange, denn die Augen seiner Mutter verengten sich zu schmalen Schlitzen. Das war ein gefährliches Zeichen. Ferdinand kannte es, für gewöhnlich kam sofort darauf ein furchtbares Donnerwetter. »Natürlich gefällt es ihm. ODER?«, sagte die Mutter und gab Ferdinand einen kurzen Stoß.

»Ja, natürlich«, beeilte der sich. Aber es war zu spät.

»Ich glaube, der junge Mann muss noch Hausaufgaben machen«, sagte die Mutter nun laut zu Tante Klärchen. »Verschwinde sofort, und wir sprechen uns noch!«, raunzte sie Ferdinand an. Der wusste, heute würde es noch Krach geben.

Das gab es später auch, als Onkel Gottfried Tante Klärchen, die ja auch seine Tante war, abholte und mit ihr zum Kaffeetrinken in ihre Lieblingskonditorei fuhr. »Ach Gott, ist der Junge nicht lieb!«, begrüßte sie ihn. »Fährt mit mir in die Konditorei. Na ja, aber da hat er ja auch was davon. Er ist doch auch so ein Schleckermäulchen. Er war doch schon als Kind immer so ein Süßer. Ich erinnere mich noch genau ...«

»Wir müssen uns beeilen«, sagte Onkel Gottfried schnell, »ich stehe mit dem Auto im Halteverbot.«

»Es gibt doch gar kein Halteverbot in unserer Straße«, warf Ferdinand ein. Dafür holte er sich aber nur einen strengen Blick vom Onkel, der Tante Klärchen gerade aus der Tür schob.

»Bis nachher, Kinder«, hörte man Tante Klärchen noch, dann fiel die Tür ins Schloss. Ferdinand hatte sich kaum umgedreht, als seine Mutter loslegte: »Das war ja wieder mal das Allerletzte! Was glaubst du eigentlich, wer du bist? Du bist mein Sohn und deshalb hast du dich zu benehmen! Wie oft habe ich dir schon gesagt, dass man sich für ein Geschenk bedanken muss! Und dann noch nichts sagen, sondern eine Schnute ziehen, wenn man gefragt wird, ob das Geschenk gefällt!«

Darf man die Wahrheit sagen, wenn man gefragt wird, ob einem ein Geschenk gefallen hat?

»Aber ich konnte doch nicht lügen«, entgegnete Ferdinand.

»Du sollst auch nicht lügen, sondern höflich sein.«

»Und wie soll das funktionieren? Steht das vielleicht auch in dem tollen Buch?«, fragte Ferdinand.

»Jetzt werd nicht auch noch frech. Du hast dich heute schon genug danebenbenommen! Man muss eben gewisse Grundprinzipien der Höflichkeit wahren und dazu gehört es, nicht zu sagen, wenn einem ein Geschenk nicht gefällt. Und jetzt geh auf dein Zimmer.«

Ferdinand ging lieber ohne weitere Diskussion. In seinem Zimmer las er in dem Buch: Der Mann sollte der Frau immer die Türe aufhalten. Wenn eine Frau das Zimmer betritt, sollte er aufstehen. Man muss unbedingt wissen, in welcher Reihenfolge man das Besteck bei einem feinen Essen benutzt, und so weiter. Ferdinand fand das ziemlich albern.

Nach einiger Zeit hörte er, dass Onkel Gottfried mit Tante Klärchen zurückkam. Sie war ja schwer zu überhören. Als Ferdinand aus seinem Zimmer kam und Onkel Gottfried sah, traute er seinen Augen nicht. Der Onkel trug eine Krawatte mit dem unsinnigsten Motiv, das Ferdinand je gesehen hatte: Ein Kaktus mit Gesicht, der einen Kopfhörer trägt, rund herum Notenzeichen und der Kaktus schien sich mit der Musik zu bewegen.

»Gell, da schaust du«, rief Tante Klärchen, die Ferdinands Blick bemerkt hatte. »Ich fand sie im Geschäft auch so witzig, dass ich sie sofort für den lieben Gottfried gekauft habe. Der ist doch sonst auch immer so lustig und mag komische Kleidung.« Das stimmte zwar, aber nicht so, wie Tante Klärchen das aufgefasst hatte. Onkel Gottfried hatte immer Sachen an, die andere Männer in seinem Alter, Ferdinands Vater zum Beispiel, nie anziehen würden. Und oft waren sie auch eher ziemlich bunt. Aber so etwas wie diese Krawatte würde er nie freiwillig tragen. Das sah man seinem Gesicht auch sofort an.

»Und ich hatte Recht«, fuhr Tante Klärchen in diesem Moment fort. »Sie hat dem Jungen so gut gefallen, dass er sie sofort umgelegt hat. Stimmt's nicht, Junge?«

»Äh, ja, doch«, sagte Onkel Gottfried und schaute ziemlich verlegen. Ferdinand nahm sich vor, diese offensichtliche Lüge mit dem Onkel zu besprechen. Später. Dazu sollten sie bald Gelegenheit haben.

»Ach Kinder, ich bin so müde«, trompetete Tante Klärchen, »ich muss mich ein wenig hinlegen. Ihr entschuldigt mich doch.« Sie verschwand in ihrem Zimmer, und wenig später hörte man ein Schnarchen, das war genauso laut wie alles an ihr.

Onkel Gottfried ließ sich auf einen Stuhl am Küchentisch fallen und legte als Erstes die Krawatte ab.

»Was ist?«, fragte Ferdinands Mutter scheinheilig, »gefällt sie dir nicht?«

»Du bist gut«, sagte der Onkel, »hast du sie dir einmal angesehen? Ich wusste nicht einmal, dass so etwas hergestellt wird. Geschweige denn, dass es einen Menschen gibt, der es kauft. Die im Geschäft lachen wahrscheinlich jetzt noch darüber, dass sie das Ding tatsächlich losbekommen haben.«

»Aber zu Tante Klärchen hast du gesagt, dass sie dir gefällt«, sagte Ferdinand.

»Nun ja, was sollte ich denn tun?«

»Na, zum Beispiel die Wahrheit sagen«, meinte Ferdinand.

»Darum geht's hier nicht«, schaltete sich jetzt die Mutter ein. »Ferdinand versucht nur gerade seinen Kopf aus der Schlinge zu ziehen, weil er sich vorhin so unmöglich benommen hat.«

»Was war denn?«, fragte Onkel Gottfried.

»Ich habe nicht gleich gesagt, dass mir so ein blödes Benimm-buch gefällt: ›Der kleine Kavalier‹«

»Und du hast dich schon erst gar nicht bedankt«, ergänzte die Mutter.

»Wahrscheinlich war er überwältigt von der Freude«, kam der Onkel Ferdinand zu Hilfe.

»Aber soll man in so einer Situation jetzt lügen oder nicht?«, wollte der wissen.

»Man darf jemanden, der einem was schenkt, nicht vor den Kopf stoßen«, antwortete die Mutter. »Das ist ungehörig.«

»Aber zu sagen, es gefällt einem, ist eine Lüge«, entgegnete Ferdinand, »und du sagst doch immer, man darf nicht lügen.«

Ferdinands Mutter sagte nichts mehr.

»Du hast ja vollkommen Recht, Ferdinand«, meinte dann der Onkel. »Wahrscheinlich erinnerst du dich ja auch an unsere Diskussion über Wahrheit und Lüge. Wir sind doch dahin ge-kommen, dass man nur in Notfällen lügen darf oder weil je-mand fragt, der kein Recht dazu hat.«

»Ja eben!«, antwortete Ferdinand. »Und ein echter Notfall ist ein Geschenk von Tante Klärchen auch wieder nicht.«

»Ich gebe dir Recht«, sagte der Onkel. »Man darf in so einem Fall meiner Meinung nach eigentlich nicht lügen.«

»Aha, jetzt fällst du mir also in den Rücken«, sagte die Mutter zu Onkel Gottfried. »Aber selbst erzählst du Tante Klärchen, wie gut dir die Krawatte gefällt. Bindest sie sogar gleich um.«

»Na ja …«, der Onkel zögerte, »ich schaffe es einfach nicht, ihr die Wahrheit zu sagen. Obwohl es wirklich sinnvoll wäre. Wie immer zieht die Lüge nämlich Probleme nach sich. Tante Klär-chen meint wirklich, dass sie mir mit dieser Krawatte eine Freude gemacht hat. Ich will gar nicht wissen, was die gekos-tet hat. Eigentlich müssten sie ihr im Geschäft Geld gegeben haben, damit sie sie mitnimmt.«

»Tante Klärchen ist jetzt glücklich, weil sie denkt, du hast dich gefreut. Das ist doch etwas wert«, sagte die Mutter.

»Aber in einem gewissen Sinne ist es auch nicht schön ihr gegenüber. Irgendwie nimmt man sie doch auch nicht richtig ernst, wenn man ihr nicht sagt, wie grässlich die Sachen sind. Und wenn ich ihr das schon früher gesagt hätte, könnten wir uns beide viel ersparen. Was hat sie mir das letzte Mal mitgebracht? Socken mit einer Diddel-Maus darauf und zu Weihnachten eine Krawatte mit einem leicht bekleideten Mädchen. Und das dann noch mit einem anzüglichen Grinsen: ›So was gefällt doch einem alten Junggesellen‹. Von einer über 90-jährigen. Weil ich ihr nie sage, was ich davon wirklich halte. Deshalb meint sie, das wäre mein Geschmack. Wenn man auf diese Frage antwortet, muss man immer auch daran denken, dass man wieder einmal was geschenkt bekommt.«

»Nach dem Geschenk ist vor dem Geschenk«, sagte Ferdinand.

»Das ist ziemlich gut. Wo hast du denn das her?«, fragte Onkel Gottfried. »Den alten Sepp-Herberger-Spruch kannst du doch gar nicht kennen, das war ja sogar vor meiner Zeit.«

»Unterschätze nie jemanden, nur weil er jünger ist«, sagte Ferdinand.

»Na, heute ist wohl der Tag der coolen Sprüche!« Der Onkel lachte.

»Ich finde, ihr vergesst bei der ganzen Sache die Höflichkeit«, mischte sich jetzt wieder Ferdinands Mutter ein. »Es ist doch auch ganz einfach falsch, unhöflich zu anderen zu sein.«

Warum soll man überhaupt höflich sein?

»Aber was ist denn da überhaupt falsch daran?«, wollte Ferdinand wissen. »Ich belüge und betrüge doch niemanden dabei. Eher umgekehrt: Wenn ich höflich sein will, muss ich manchmal lügen.«

»Na hör mal«, sagte die Mutter. »Dass man nicht unhöflich sein soll, das muss man doch nicht weiter begründen.«

»Da muss ich mich schon wieder auf Ferdinands Seite schlagen«, sagte der Onkel. »Man muss sich schon überlegen, warum. Mit Moral oder ›richtig und falsch‹ hat das oft gar nichts zu tun.«

> »Mephistopheles: *Du weißt wohl nicht, mein Freund, wie grob du bist?* Baccalaureus: *Im Deutschen lügt man, wenn man höflich ist.*«
>
> Johann Wolfgang von Goethe, 1749–1832, Deutscher Dichter, *Faust II*

»In diesem blöden Buch stehen lauter so blöde Regeln, die man aus Höflichkeit oder Anstand beachten soll. Dass man sich beim Gähnen die linke Hand vor den Mund halten muss. Dass man als Kavalier links von der Dame geht. Oder dass man erst rauchen darf, wenn der Letzte am Tisch mit dem Essen fertig ist.«

»Ja, so muss man sich halt mal verhalten«, sagte die Mutter.

»Da hast du, wahrscheinlich ohne es zu ahnen, ganz gute Beispiele herausgesucht«, sagte der Onkel. »An denen kann man ziemlich schön sehen, was an der Höflichkeit sinnvoll ist. Ich finde nämlich, man muss bei den ganzen Höflichkeits- und Benimmregeln aufpassen, ob es sie nicht nur gibt, weil man das halt so macht. Oder immer schon so gemacht hat. Dieses Buch von Tante Klärchen …«

»›Der kleine Kavalier‹.«

»… ja genau. Entschuldige, liebe Schwester, wenn ich jetzt etwas Unpädagogisches sage, aber bei diesem Titel schüttelt es mich schon. Das erinnert doch mehr an eine Zirkusdressur als an sonst was. Da stellt man sich so einen braven Jungen vor, der perfekt weiß, wie er sich zu benehmen hat. Womöglich noch im Matrosenanzug.«

»Dann ist das also alles Unsinn. Super!«, freute sich Ferdinand.

»Super, Herr Bruder«, meinte die Mutter, »du machst mir mal

wieder meine ganze Erziehung zunichte. In Zukunft werde ich immer nur noch hören: ›Ich bin doch kein Zirkuspferd im Matrosenanzug‹, wenn ich mal was sagen will.«

»Nein, gar nicht«, verteidigte sich Onkel Gottfried. »Man muss aber doch wissen, was hinter den Sachen steckt, sonst ist man wirklich nur ein Zirkuspferd. Auch als Erwachsener. Das hat nichts mit dem Alter zu tun. Es gibt Anstandsregeln, bei denen es schön ist, wenn man sie befolgt. Aber eben nicht mehr: Wenn man beispielsweise weiß, welches Glas man für welchen Wein nimmt, als wenn man den teuren Burgunder aus dem Wasserglas trinkt.«

»Das sollte man schon nicht machen, weil das den Geschmack verdirbt«, warf die Mutter ein.

»Das stimmt natürlich, aber dann schau dir das Besteck an. Wenn man weiß, in welcher Reihenfolge man es bei einem Menü benutzt, tut man sich leichter, falls man zu einem feinen Essen eingeladen ist. Aber wenn man davon keine Ahnung hat, tut man damit niemandem weh. Höchstens sich selbst, weil man sich dann unwohl fühlt oder als ungebildet und ungehobelt angesehen wird.«

»Zu so einem feinen Essen zu gehen, ist immer öde«, sagte Ferdinand.

> *»Dies sind zwar nur* Außenwerke *oder Beiwerke (parerga), welche einen schönen tugendähnlichen Schein geben, der auch nicht betrügt, weil ein jeder weiß, wofür er ihn annehmen muss. Es ist zwar nur Scheidemünze, befördert aber doch das Tugendgefühl selbst durch die Bestrebung, diesen Schein der Wahrheit so nahe wie möglich zu bringen, in der Zugänglichkeit, der Gesprächigkeit, der Höflichkeit, Gastfreiheit, Gelindigkeit (im Widersprechen ohne zu zanken), insgesamt als bloße Manieren des Verkehrs mit geäußerten Verbindlichkeiten, dadurch man zugleich andere verbindet, also doch zur Tugendgesinnung hin wirken; indem sie die Tugend wenigstens beliebt machen.«*
> Immanuel Kant, 1724–1804,
> Deutscher Pilosoph

»Na ja, es kann schon Spaß machen, wenn das Essen gut ist und eben noch mehr, wenn man auch die Etikette kennt, also weiß, wie man sich benehmen soll. Übrigens hat auch der Philosoph Kant die Höflichkeit nur deshalb für sinnvoll gehalten, weil man, indem man höflich ist, sozusagen für die Moral Werbung machen kann.«

»Kant. Ist das nicht der Typ, der Weltmeister darin war, kluge Gedanken möglichst schwer verständlich auszudrücken?«

»Mit diesem Satz wirst du zwar nie Ehrenmitglied der Philosophischen Gesellschaft, aber da ist leider ziemlich viel dran«, sagte der Onkel lachend. »Doch zurück zur Höflichkeit. Es gibt auch eine, bei der es um etwas anderes geht.«

»Und zwar?«

»Darum, den anderen nicht zu schaden.«

»Wie das?«, fragte Ferdinand.

»Na, da war ja dein Beispiel mit dem Rauchen. Man soll erst rauchen, wenn der Letzte mit dem Essen fertig ist. Das hat einen Sinn, weil der das Essen kaum genießen kann, wenn ihm Rauch ins Gesicht geblasen wird. Dahinter steckt also der Grund, demjenigen nicht zu schaden.«

»Und warum soll man links von der Dame gehen?«

»Das ist jetzt eben ein schönes Gegenbeispiel. Man geht links von der Dame, damit der Herr, falls man angegriffen wird, schneller den Säbel ziehen kann. Den trug er nämlich links, also auf der anderen Seite.«

»Aber kein Mensch trägt doch heute noch einen Säbel!«

»Ja eben, das ist so ein Beispiel, wo die Höflichkeitsregel gar keinen Sinn mehr hat. Außer dem zu zeigen, dass man sie kennt. Ich wüsste nicht, warum man sich daran noch halten soll. Beim Gähnen auch nicht. Allerdings sieht es wirklich nicht schön aus, wenn man seinem Gegenüber bis in den Magen schauen kann.«

»Und wie«, fragte Ferdinand, »ist das damit, dass man manches sagen darf und manches nicht. Hat das einen Sinn?«

»Das finde ich wieder sinnvoll. Ich glaube, wir haben bei der Lüge schon darüber gesprochen, dass man jemandem, der hässlich ist ...«

»Oder durch einen Unfall entstellt ...«

»Ja, genau, das war es. Dem sagt man nicht, dass man ihn hässlich findet, weil man ihn kränken würde. Es geht also darum, jemanden nicht zu verletzen. Im Endeffekt ist das nichts anderes, als wenn man ihm ins Gesicht schlägt. Und die Kränkung kann noch viel mehr wehtun, als ein echter Schlag.«

»Na, wenigstens ein bisschen Lebensraum lässt du der Höflichkeit ja«, sagte die Mutter.

»Nicht nur ein bisschen. Wenn man weiß, warum man etwas macht, hat das doch viel mehr Gewicht, als wenn man es einfach so macht. Oder weil man es schon immer so gemacht hat«, entgegnete der Onkel. »Insgesamt finde ich Höflichkeit überall da sinnvoll, wo es um Rücksicht geht. Die ist nämlich wirklich wichtig im Zusammenleben.«

> »... und wer zu seinem Bruder sagt: Du Dummkopf!, soll dem Spruch des hohen Rates verfallen sein; wer aber zu ihm sagt: Du (gottloser) Narr!, soll dem Feuer der Hölle verfallen sein.«
>
> Neues Testament,
> Matthäus 5,22, Bergpredigt

Warum soll man Rücksicht nehmen?

»Oh Mann«, sagte Ferdinand, »kommt jetzt so die Tränendrüsennummer: ›Rücksicht auf Kinder, auf Alte, auf Behinderte‹?«

»Was ist denn das für eine Ausdrucksweise!«, wies ihn die Mutter sofort zu Recht.

»Ich will ja jetzt nicht so tun, als wenn ich alles besser wüsste ...«, sagte der Onkel.

»Ach nein?«, erwiderte die Mutter spöttisch.

»... aber das ist eben genau das, was passiert, wenn man nicht erklärt, warum Rücksicht so wichtig ist. Ferdinand hat doch ganz Recht, wenn er alles, was man ihm einfach so vorsetzt, in Frage stellt.«

»Na bravo!«, sagte die Mutter.

»Und was steckt jetzt hinter dieser Rücksicht so Wichtiges?« Ferdinand war neugierig geworden.

»Hinter der Rücksicht«, sagte der Onkel, »steckt die Idee, dass man sich einfach mal in die Lage des anderen versetzen soll.«

»Und das war's?«, fragte Ferdinand.

»Ja, so einfach. Und dabei so wichtig, dass man das als ›Goldene Regel‹ bezeichnet hat. Weil es wahrscheinlich die wichtigste moralische Regel überhaupt ist.«

»Die Regel ›Versetz dich in den anderen‹? Das klingt aber komisch.«

> *»Höre nun den Kern der Sittenlehre,*
> *Höre ihn und lass von ihm dich leiten: Was dir selbst zu dulden leidvoll wäre, Darfst du auch den andern nicht bereiten.«*
>
> Altindisches Spruchgut

»Na ja, du kennst sie wahrscheinlich anders«, sagte der Onkel. »Es ist das alte Sprichwort: ›Was du nicht willst, das man dir tu, das füg auch keinem andern zu.‹«

»Ach so«, sagte Ferdinand. »Na logo kenn ich das. Aber dass das so wichtig ist ...«

»Die Regel gab es fast zu jeder Zeit und in jeder Kultur«, sagte der Onkel. »Man kann beinahe sagen, immer wenn irgendjemand etwas zur Moral aufgeschrieben hat, findet sich dieser Satz darunter.«

»Meiner Meinung nach«, sagte der Onkel, »ist eben diese Rücksichtnahme wirklich das Wichtigste im täglichen Zusammenleben.«

»Du meinst, dass ich niemanden schlagen soll, weil ich ja selber auch keine gesemmelt bekommen will?«, sagte Ferdinand.

»Im Extremen, ja. Wobei ich relativ selten in die Verlegenheit komme, jemanden schlagen zu wollen. Aber das mit der Rücksicht fängt schon viel früher an, bei Kleinigkeiten. Erst heute bin ich auf dem Gehweg entlanggegangen und mir kamen zwei Leute entgegen, nebeneinander. Die haben gar nicht daran gedacht, mich vorbeizulassen, sondern sind einfach geradeaus gelaufen, in der Erwartung, dass ich schon ausweiche oder mich in Luft auflöse.«

»Und, hast du dich aufgelöst?«

»Nein, natürlich nicht. Ich bin dann auf die Straße ausgewichen. Aber die beiden hätten nur zwei Sekunden lang ein bisschen zur Seite gehen müssen. Fehlanzeige.«

»Ach, mein armer Bruder«, sagte die Mutter, »du hast es aber nicht leicht. Ich wusste gar nicht, dass es so schwer ist, auf dem Gehweg zu gehen.«

»Ja, vielleicht bin ich da auch ein bisschen empfindlich und bestimmt auch etwas extrem. Aber wenn man einmal anfängt aufzupassen, dann merkt man, wie rücksichtslos die meisten Leute sind und wie viel angenehmer das Leben wäre, wenn sich alle an die Goldene Regel halten würden.«

»Gehört dann hierher auch dieses komische ›Bitte überlassen Sie Ihren Sitzplatz Älteren‹ aus dem Bus?« fragte Ferdinand.

»Natürlich«, antwortete der Onkel, »das ist sogar fast der Paradefall.«

»Wieso? Meinetwegen braucht keiner aufzustehen. Dann muss ich es wohl nach dieser Goldenen Regel auch nicht.«

»Doch, auf jeden Fall!«, sagte der Onkel. »Stell dir mal vor, du hast ein Gipsbein, oder dir beim Fußballspielen so wehgetan,

> *»Was du willst, das man dir tu, das füge* keinem *andern zu: Die Geschmäcker sind verschieden.«*
> George Bernard Shaw, 1856–1950, Irischer Dramatiker und Satiriker

dass du kaum noch stehen kannst. Oder du kommst gerade von einer furchtbar anstrengenden Bergtour. Dann würdest du dich doch auch setzen wollen.«

»Ja, dann schon. Aber das steht doch nicht auf den Schildern.«

»Wenn man das alles aufschreiben würde, passen die Schilder gar nicht mehr in den Bus. Deshalb schreibt man nur das mit den Älteren, weil es bei denen ganz typisch ist, dass sie sich oft schwerer tun. Manchmal liest man auch: ›Bitte überlassen Sie Ihren Sitzplatz dem, der ihn nötiger hat‹. Da sieht man dann die Goldene Regel klarer. Es geht halt immer darum, dass man sich in den anderen hineinversetzt und sich dann überlegt, wie man in dessen Fall behandelt werden will.«

»Vielleicht sollten wir das Tante Klärchen erzählen. Wenn die sich mal in unsere Lage versetzt, würde sie nicht immer so komische Sachen schenken«, meinte Ferdinand.

»Moment!« Auf ihrer Tante wollte Ferdinands Mutter das nicht sitzen lassen. »Sie macht sich ja Gedanken. Sie will immer was ganz Individuelles schenken. Sie liegt halt nur manchmal ein bisschen daneben.«

»Na klar«, sagte Ferdinand, »wie sollte sie es auch besser wissen, wenn ihr immer alle sagt, wie sehr sie sich freuen. Ganz egal, wie furchtbar das Geschenk ist. Wisst ihr was? Ihr solltet euch mal in Tante Klärchens Lage versetzen. Das soll ja oft weiterhelfen.«

Die Goldene Regel

»Alles, was du dem Nächsten verübelst, tue nicht selbst.«

Pittakos aus Lesbos, 7./6. Jh. v. Chr.

Zi-gong fragte den Konfuzius: »Gibt es ein Wort, das ein ganzes Leben lang als Richtschnur des Handelns dienen kann?«
Konfuzius antwortete: »Das ist ›gegenseitige Rücksichtnahme‹.
Was man mir nicht antun soll, will ich auch nicht anderen
Menschen zufügen.«   6. Jh. v. Chr.

»Füge anderen nicht Leid durch Taten zu, die dir selber Leid
zufügten.«   Buddhismus, 5. Jh. v. Chr.

»Im Glück und im Leiden, in Freude und Schmerz müssen wir
allen Geschöpfen mitfühlend begegnen und uns hüten, ihnen
Leid anzutun, dem wir selber entgehen möchten.«

Djinismus, 5. Jh. v. Chr.

»Fügt andern nichts zu, was nicht gut für euch selbst ist.«

Zarathustra, 5. Jh. v. Chr.

»Kind, was dir schlecht scheint, sollst du deinen Genossen
nicht antun.«   Babylonische Achikar-Erzählung, 5. Jh. v. Chr.

»Ich werde das, was ich am Nächsten tadle, nach Möglichkeit
selbst nicht tun.«

Maiandros von Samos, nach Herodot, 5. Jh. v. Chr.

»Soll ich mich andern gegenüber nicht so verhalten, wie ich
möchte, dass sie sich mir gegenüber verhielten?«

Platon, 4. Jh. v. Chr.

*»Füge anderen nichts zu, das, geschähe es dir, dich schmer-
zen würde.«* Mahabarata (Hinduismus), 3. Jh. v. Chr.

*»Was ein Mensch sich nicht von anderen angetan wünscht,
das füge er auch nicht anderen zu, da er an sich selbst erfahren hat, was unangenehm ist.«* Mahabarata, 6. Jh. v. Chr.

»Was du nicht leiden magst, das tue niemandem an.«
Altes Testament, Buch Tobit, 200 v. Chr.

»Alles, was ihr also von anderen erwartet, das tut auch ihnen.«
Neues Testament, Matthäus 7,12

*»Was dir selbst verhasst ist, das mute auch einem anderen
nicht zu!«* Altes Testament, Buch Tobit 4,15

*»Was dir unlieb ist, füge deinem Nebenmenschen nicht zu;
das ist das Gesetz.«*
Rabbi Hillel, nach Talmudtrakt Sabbath (fol. 31a)

»Quod tibi fieri non vis, alteri non feceris.«
Severus Alexander, nach Lampridius, 2./3. Jh. n. Chr.

*»Worüber Ihr zürnt, wenn ihr es von anderen erleidet, das tut
den anderen nicht.«* Isokrates, 4. Jh. v. Chr.

»Ab alio expectes alteri quod feceris.«
Pubilius Syrus, nach Seneca *epistulae morales*

*»Tue niemandem etwas Böses an, um nicht heraufzube-
schwören, dass ein anderer es dir antue.«*
Altägyptische Spruchsammlung
des Anch-Scheschonki, 4. Jh. v. Chr.

Ich hab doch keine Wahl!

Oder

Kann ich mich frei entscheiden?

*W*enn man mit seinen Brüdern im selben Zimmer wohnt und die Brüder größer sind als man selbst, darf man auch nie etwas bestimmen.

Immer bestimmte Lasse, wann abends das Licht ausgemacht werden sollte. Wenn ich noch Bilder in einem Buch angucken wollte, verlangte Lasse, dass wir das Licht ausmachten und Spukgeschichten erzählten. Wenn ich müde war und schlafen wollte, wollten Lasse und Bosse lieber Bilderlotto spielen. Lasse kann in seinem Bett liegen und das Licht ausmachen, wann er will, denn er hat an dem Schalter, an dem man dreht, wenn man das Licht ausmacht, eine Pappscheibe befestigt, und an der Pappscheibe ist eine Schnur, die zu seinem Bett führt. Es ist eine sehr merkwürdige Einrichtung, aber ich kann sie nicht richtig beschreiben. Denn ich will ja nicht Drehrumdiebolzen-Ingenieur werden, wenn ich groß bin. Aber Lasse will das werden, sagt er. Ich weiß nicht, was ein Drehrumdiebolzen-Ingenieur ist, aber Lasse sagt, man muss Pappscheiben an Lichtschaltern anbringen können, wenn man so etwas Feines werden will.

Astrid Lindgren, *Die Kinder aus Bullerbü*

Ferdinand zögerte eine Weile, bis er die Klingel an der Tür seines Onkels drückte. Und das, obwohl er ziemlich gerne dort war. Wenn er all die Sachen sah, die der Onkel hatte und Anton sprang herum und wollte mit Ferdinand spielen und alles war interessant und so anders als zu Hause und auch anders als zu Hause bei seinen Freunden, dann hatte er schon manchmal überlegt, dass er auch gerne so leben würde. Seine Freunde würden ihn ziemlich beneiden um die coole Wohnung. Und seinen Onkel mochte er auch. Deshalb gab es normalerweise so überhaupt keinen Grund zu zögern. Heute aber wusste er nicht so recht. Schließlich drückte er doch den Knopf. Es gab ein lautes Klingeln, ein richtiges Rrrrrinnnngggg. Sein Onkel war definitiv der einzige Mensch, den er kannte, der so eine alte Glocke hatte. Keinen Gong, sondern so ein schwarzer Kasten mit einer silbernen Halbkugel darüber, an die ein Stab mit einer kleinen Kugel schlug und eben den Riesenlärm machte. Ferdinand erschrak fast, aber da öffnete Onkel Gottfried schon die Tür.

»Ah, Ferdinand, komm rein«, sagte er, »was verschafft mir denn diese Ehre? Wir haben uns doch erst gestern gesehen.« Ferdinand wusste genau, über das, was er besprechen wollte, konnte er nur mit seinem Onkel reden. Mit seinen Freunden ging es ja nicht und mit seinen Eltern ging es auch nicht. Und die würden ihn auch nicht verstehen.

»Ich muss mit dir reden«, fing er deshalb an. »Ich brauche einen Rat. Aber du musst mir erst versprechen, dass du nicht böse wirst und auch egal, was es ist, niemandem etwas sagst. Besonders nicht meinen Eltern.«

»Holla«, sagte der Onkel, »wenn du schon so anfängst, das kann ja was werden. Aber schließlich bin ich ja dein Pate und damit vermutlich sogar offiziell für so etwas zuständig. Nur eines: Dass ich deinen Eltern nichts sage, verspreche ich nur, wenn du mir versprichst, dann auch auf meinen Rat zu hören.«

Ferdinand zögerte erneut, dann dachte er sich, »Hören ist ja noch nicht befolgen«, und sagte: »Na gut«.

»Also, leg los«, sagte der Onkel.

»Bei uns an der Schule«, sagte Ferdinand, »also die Freunde, mit denen ich immer zusammen bin …«

»Was ist mit denen?«

»Die haben alle immer die allerneuesten Sachen. Die angesagten Klamotten, die Computerspiele, kaum, dass sie heraußen sind. Manchmal sogar vorab aus Amerika.«

»Und?«

»Na, ich hab das nicht. Weil ich mir das nicht leisten kann. Ich hab das Geld einfach nicht.«

»Und die anderen haben es alle?«, fragte Onkel Gottfried.

»Die meisten schon. Der Mike zum Beispiel. Der bekommt immer alles, was er will, von zu Hause. Und die, die das Geld nicht haben, die klauen die Sachen halt.«

»Wie bitte?«

»Als wir die letzten Male im Plattenladen waren, hat jedes Mal einer von denen eine CD mitgehen lassen. Einmal einer sogar eine DVD.«

»Oha!«, sagte der Onkel. »Und jetzt willst du wissen, ob du mit solchen Leuten zusammen sein solltest?«

Ferdinand ließ sich nicht beirren. »Ach Quatsch, natürlich will ich mit denen zusammen sein. Das sind doch meine Freunde. Aber irgendwann haben dann mal ein paar gelacht, weil ich bei einer CD gesagt habe, die kann ich mir nicht leisten. Und beim letzten Mal haben sie mich gar nicht mehr mitgenommen, weil ich mir ja immer nur CDs ausleihen würde und nie selbst was hätte. Eigentlich will ich das ja nicht, weil ich das nicht so gut finde. Und außerdem nervt es mich total, dass es immer nur darum geht, was man hat. Aber langsam bleibt mir wirklich nichts anderes übrig.«

»Was willst du nicht?«

»Na, CDs im Laden klauen. Wenn ich da weiterhin dabei sein

will, hab ich doch gar keine andere Wahl. Ich kann schließlich nicht in Zukunft nur noch mit den ganzen Losern und Strebern zusammen sein. In so einem Fall ist doch das Mitgehenlassen einer CD das kleinere Übel. Und ich tu es ja nicht freiwillig. Ich kann doch nichts dafür, dass ich die Kohle nicht hab.«

Wie ist es denn, wenn ich etwas nicht tun will,
weil ich es für falsch halte,
aber keine andere Wahl habe?

»Oh Gott«, sagte der Onkel. »Jetzt ist es so weit. Schon immer habe ich Angst vor dem Tag gehabt, an dem ich einmal sagen würde: ›Das ist kein Umgang für dich‹. Das ist nämlich einer der schlimmsten Eltern- und Lehrersätze. Ich habe immer gedacht, wenn ich mal so einen Satz sage, dann bin ich wirklich alt und spießig geworden. Und ich habe gehofft, das bleibt mir erspart, weil ich keine eigenen Kinder habe. Und jetzt kommst du. Wahrscheinlich hängt es wohl doch mit dem Alter zusammen. Gut, wenn mir jemand damit gekommen wäre, hätte ich mir meinen Teil gedacht, und bei mir wären die Rollläden runtergegangen. Deshalb vergiss es jetzt mal wieder – auch wenn es wahr ist.«
Ferdinand sah den Onkel an; das war mal wieder typisch Onkel Gottfried – ziemlich verwirrend. Aber meistens klärte sich dann doch alles.
»Ich glaube, wir können ganz woanders anfangen«, sagte der Onkel. »Du musst dir klar machen, dass du für alles, was du tust, verantwortlich bist. Es gibt nämlich keine Situation, in der du keine Wahl hast.«
»Ja, ich weiß schon«, sagte Ferdinand, »jetzt erzählst du mir gleich, dass ich mich ja auch für andere Freunde entscheiden

kann. Vielen Dank für diesen Tipp! Auf so etwas komme ich auch alleine, oder ich frage bei der Fürsorge.«

Der Onkel war ziemlich verdattert, so kannte er Ferdinand gar nicht. Aber der war in Fahrt: »Wahrscheinlich kannst du dir nicht vorstellen, wie wichtig das mit den Freunden für mich ist.« Er hatte ja schon länger über dieses Problem nachgedacht und genügend Filme gesehen, um ein viel besseres, unwiderlegliches Beispiel zu haben: »Wie ist es denn, wenn ein Verbrecher mit einer Pistole hinter mir steht und mich zu etwas zwingt. Dann habe ich doch wirklich keine freie Wahl mehr. Also ist das gar nicht so gesagt, dass man sich immer entscheiden kann.«

»Oh, das ist aber ein gutes Beispiel«, antwortete der Onkel. »Vielleicht nicht ganz vergleichbar mit deiner Situation, aber interessant ist es. Ich behaupte, du bist doch frei. Also: Ein Verbrecher steht vor dir und zwingt dich mit einer Waffe etwas zu tun. Dann musst du es also tun?«

»Ja genau«, sagte Ferdinand.

»Zum Beispiel ihm dein Geld geben. Keiner würde in so einer Situation sagen, du hast ihm dein Geld freiwillig gegeben. Oder?«

»Ja genau«, sagte Ferdinand und wunderte sich, dass ihm der Onkel auch noch Argumente lieferte.

»Und das wäre auch so, wenn er dich zwingt, ihm auch noch deine Uhr zu geben, oder alles, was du hast? Oder wenn er dich zwingt, etwas anderes zu tun? Jemanden umzubringen?«

Ferdinand zögerte.

»Was wäre es denn, wenn du Samuraikrieger bist und er dich zwingen will, in einer Schlacht deine Freunde zu verraten?« Der Onkel wusste, wie gerne Ferdinand Samuraifilme mochte. Er war schließlich schon oft genug mit Ferdinand ins Kino gegangen und natürlich durfte Ferdinand die Filme aussuchen. Deshalb wusste Onkel Gottfried, was Ferdinand gefiel.

Dieser sagte nichts mehr.

»Dann fändest du es doch wahrscheinlich richtig, heldenhaft zu sterben, statt das zu tun?«, fragte der Onkel. »Ob das mit dem Heldenmut auch außerhalb der Leinwand immer das Tollste ist, müssen wir ja jetzt nicht entscheiden«, fuhr der Onkel fort. »Auf jeden Fall zeigt es, dass du dich in jeder Situation immer noch entscheiden kannst. Wieso dann nicht bei dem Verbrecher, der dein Geld will? Es wäre zwar dumm, wenn du dich wegen der paar Euro, die du dabeihast, erschießen lässt, aber wenn sich der Samuraikrieger dafür entscheiden kann, sich lieber umbringen zu lassen, dann kann das auch der Überfallene.«

»Und wenn mich jemand fesselt und meine Hand mit Gewalt zu irgendetwas führt?«, fragte Ferdinand, der froh war, dass ihm das eingefallen war.

»Dann wäre es allerdings etwas anderes«, räumte der Onkel ein, »aber das kommt ja nicht so häufig vor.«

»Oder wenn mich ein verbrecherischer Wissenschaftler, der die Weltherrschaft erlangen will, mit einer Gefügigkeitsdroge zu einem willenlosen Soldaten in seiner Armee macht?«

»Ja, das wäre auch etwas anderes. Aber das kommt zum Glück noch seltener vor«, sagte der Onkel mit einem Stirnrunzeln und fragte sich, ob er in Zukunft vielleicht doch bei der Filmauswahl mitreden sollte.

> *»Was aber aus Angst vor größerem Übel geschieht … etwa wenn ein Tyrann eine schändliche Tat befiehlt und dabei Eltern und Kinder in seiner Gewalt hat und diese gerettet werden können, wenn man sie tut, dagegen sterben müssen, wenn man sie nicht tut, so besteht hier ein Zweifel, ob man das freiwillig oder unfreiwillig nennen soll. … Solche Handlungen sind also gemischt, gleichen aber eher freiwilligen. Denn in dem Augenblick, in dem sie ausgeführt werden, entscheidet man sich für sie.«*
>
> Aristoteles, 384–322 v. Chr.,
> Griechischer Philosoph

»Es muss dir nur klar sein, dass du in allen Fällen, abgesehen von dem, in dem deine Hand direkt geführt wird ...«

»Und in dem Fall mit dem verbrecherischen Wissenschaftler und der Gefügigkeitsdroge«, warf Ferdinand ein.

»... und in dem Fall mit dem verbrecherischen Wissenschaftler und der Gefügigkeitsdroge und all den sonstigen Science-Fiction-Albträumen«, fuhr der Onkel fort, »dich entscheiden kannst und deshalb für das, was du tust, verantwortlich bist.«

»Du willst also sagen, dass ich, wenn ich die CD mitgehen lasse, eben vielleicht erwischt werde und voll dafür einstehen müsste, weil ich mich frei entscheiden kann?«

> *»Der Mensch ist verurteilt frei zu sein. Verurteilt, weil er sich nicht selbst erschaffen hat, anderweit aber dennoch frei, da er, einmal in die Welt geworfen, für alles verantwortlich ist, was er tut.«*
>
> Jean-Paul Sartre, 1905–1980, Französischer Philosoph

»Ja. Und nicht nur, wenn du ›gegriffen‹ wirst.«

»Da kann aber was nicht stimmen«, sagte Ferdinand. »Wenn ich mich ganz frei entscheiden kann, dann dürfte ich doch auch keine Gewissensbisse haben, die mich davon abhalten. Tommy denkt sich gar nichts. Der hat sogar die DVD in ihrer großen Verpackung mitgehen lassen, hat kein bisschen Schiss dabei, und über Gewissensbisse lacht er nur. Das ist frei. Und wenn ich völlig frei wäre, dann müsste ich die blöde CD erst gar nicht klauen, dann hätte ich genug Geld und könnte sie auch einfach kaufen. Solange ich mir nicht kaufen kann, was ich will, bin ich doch auch nicht frei.«

»Da musst du aufpassen«, sagte der Onkel. »Du darfst nicht deine Freiheit dich zu entscheiden, was du tust, verwechseln mit der Freiheit zu bestimmen, was insgesamt passiert.«

»Das verstehe ich jetzt nicht«, sagte Ferdinand.

»Schau her, wenn du Baden gehen willst, dann möchtest du das bei schönem Wetter tun.«

»Genau«, rief Ferdinand. »Ich kann doch nicht entscheiden, ob die Sonne scheint oder nicht.«

»Ja, aber du kannst entscheiden, ob du baden gehst oder nicht, ganz unabhängig vom Wetter.

»Wie? Wenn es regnet?«

»Falls du einen Pickel dabeihast, um das Eis aufzuhacken, dann kannst du sogar ins Wasser, wenn der See zugefroren ist.«

»Tolle Idee!«

»Gut, das macht nicht so viel Spaß wie im August bei 35 Grad, aber du könntest. Was insgesamt passiert, also, ob das Wetter gut ist, ob du gesund bist und nicht gerade mit Fieber im Bett, um das alles zu entscheiden, müsstest du Gott sein. Du hast aber immer die Möglichkeit zu entscheiden, was du in der Situation, die sich dir bietet, machst. Du hast nicht immer alle Wahlmöglichkeiten. Ein Millionär hat mehr zur Auswahl. Wenn er baden will und das Wetter schlecht ist, kann er ein Flugzeug chartern und auf eine Südseeinsel fliegen. Das kannst du nicht so einfach. Er hat also die Auswahlmöglichkeiten mehr, die man sich erkaufen kann. Man bekommt aber nicht alles für Geld. Und theoretisch könntest du eine Bank überfallen, um an das Geld zu kommen, oder ein Flugzeug entführen. Ich hoffe, dass du das nicht machst, aber möglich wäre es. Oder du springst ganz einfach trotz Regen in den See.«

»Na, aber die richtige Freiheit ist das nicht, wenn ich nur so wenig zur Auswahl habe«, sagte Ferdinand.

»Aber du hast Auswahlmöglichkeiten. Du bist eben nicht festgelegt, determiniert, wie man dazu sagt. Wahrscheinlich denkst du auch noch, wilde Tiere wären viel freier als du, weil du in die Schule gehen musst«, sagte der Onkel.

»Ja und wie! So ein Wildpferd oder ein Gepard, die können doch machen, was sie wollen«, meinte Ferdinand.

»Dabei haben die noch viel weniger Wahlmöglichkeiten als du. Jetzt komme ich mir immer mehr wie ein Prediger vor, aber schau dir mal die Vögel an – nicht den Film von Hitchcock, sondern die Singvögel im Park. ›Frei wie ein Vogel sein‹, heißt das Sprichwort, aber worin besteht die Freiheit? Dem Vogel sagt seine Natur, dass er im Morgengrauen zu singen anfangen muss und im Herbst in den Süden ziehen. Er kann sich nicht überlegen, dass er vielleicht morgen keine Lust hat, aufzustehen, seine Natur zwingt ihn dazu. Du kannst dir überlegen, ob du liegen bleiben willst. Du wirst zwar Ärger mit deiner Mutter bekommen, aber wenn du den Ärger aushältst, dann kannst du liegen bleiben. So wie ich deine Mutter kenne, wäre das allerdings auch kein großes Vergnügen. Der spanische Philosoph Fernando Savater hat in diesem Zusammenhang einmal den trojanischen Helden Hektor mit Termiten verglichen.«

»Was haben die denn miteinander zu tun?«, fragte Ferdinand.

»Es ging ihm eben um die Unterschiede. Hektor stellte sich, als er seine Stadt Troja verteidigen wollte, dem viel stärkeren Achill zum Kampf, obwohl er wusste, dass er dabei sterben könnte. Er war eben ein Held. Wenn aber Termiten den Angriff von Ameisen abwehren, die viel größer sind als sie, und Tausende dabei getötet werden, dann sind die Termiten keine Helden.«

»Das wäre ja auch noch schöner, wenn jetzt so Krabbeltiere auch schon Helden wären«, sagte Ferdinand.

»Und warum? Weil sie sich nicht entscheiden können. Sie tun das, was sie tun, weil es in ihrer Natur festgeschrieben ist.

> *»Dies heißt keineswegs, dass der Mensch seine mannigfaltigen Bedingungen einfach abstreifen und aus dem Nichts neu anfangen könnte. Vielmehr sind Bedingungen vorhanden, aber nicht als unabänderliche Fakten, sondern der Mensch kann sich in ein Verhältnis zu ihnen setzen: sie benennen, beurteilen und anerkennen (sie sich produktiv und kreativ zu Eigen machen) oder aber verwerfen und in (selbst-) erzieherischen, therapeutischen, politischen und anderen Prozessen auf ihre Veränderung hinarbeiten. Das Moment des Selbstverhältnisses heißt praktische Vernunft oder freier Wille.«*
>
> Otfried Höffe, geb. 1943,
> Deutscher Philosoph und Ethiker

Hektor dagegen hätte sich weigern können oder fliehen oder sonst was. Aufgewachsen in Troja und ausgebildet zum Kämpfer, hätte er wahrscheinlich schreckliche Gewissensbisse dabei gehabt und sich wirklich schwer getan, aber es wäre möglich gewesen. Und leicht ist es ihm bestimmt auch nicht gefallen, mit dem viel stärkeren Achill zu kämpfen. Er hatte sicher auch innere Zwänge, aber die sind etwas anderes als die der Termiten. Er ist als Mensch eben trotz aller Zwänge frei. Und das bist du auch, ob es dir gefällt oder nicht.«

»Warum soll es mir nicht gefallen, frei zu sein?«, fragte Ferdinand. »Natürlich bin ich gerne frei, das ist doch jeder. Aber so klar, wie du das sagst, ist das nicht. Man muss doch auch viele Sachen machen, die man gar nicht machen will. Wenn man so furchtbar frei wäre, warum sollte man dann an einem schönen Tag in die Schule gehen, sich die Zähne putzen oder sogar zum Zahnarzt gehen. Ich kenne wirklich niemanden, der freiwillig zum Zahnarzt geht, und trotzdem ist dort das Wartezimmer voll.«

»Ich gehe zum Zahnarzt, weil ich das will«, sagte der Onkel. Ferdinand sah ihn stirnrunzelnd an, deshalb fuhr er fort: »Keine Sorge, ich gehe da nicht hin, weil mir das Spaß macht.

Wobei es ja eigentlich nur unangenehm ist. Weh tut es ja gar nicht, dazu gibt es ja die Betäubungsspritze. Sich tätowieren lassen, das tut viel mehr weh, da gibt's auch keine Betäubung. Und trotzdem lassen sich viele tätowieren. Obwohl es wehtut. Und warum?«

> *Wenn man sich frei entscheiden kann,*
> *wieso macht man dann Sachen,*
> *die man eigentlich nicht machen will?*

»Na, weil's geil aussieht. Denk nur an Robbie Williams.«
»Sagen wir mal, es kann gut aussehen. Aber genau deshalb lassen sich viele vom Tätowierer wehtun: weil sie finden, dass es gut oder ›geil‹ aussieht. Sie überlegen sich: Ich kann mich entscheiden zwischen keine Schmerzen und kein Tattoo und jetzt eine Zeit lang Schmerzen und dafür dann ein Tattoo. Und weil sie nachher gut aussehen wollen, entscheiden sie sich für die Schmerzen. Ganz freiwillig.«
»Und weil Robbie Williams mit Tattoo geil aussieht, gehst du gern zum Zahnarzt?«
»Ja, so klingt das natürlich komisch. Aber erstens finde ich Zahnstumpen auch nicht schön und schon gar nicht ›geil‹. Und zweitens gehe ich lieber jetzt zum Zahnarzt, als dass ich später kaputte Zähne habe, die mir dann wirklich wehtun. Ich entscheide mich also für das, was mir insgesamt lieber ist.«
»Und dasselbe ist es mit dem Zähneputzen?«
»Ja. Meistens macht es einem ja wirklich nichts aus und oft freut man sich sogar darauf.«
»Wie, du freust dich aufs Zähneputzen? Manchmal bist du schon etwas komisch!«, sagte Ferdinand.
»Natürlich. Wenn man einen schlechten Geschmack im Mund

hat, ist es doch angenehm, sich die Zähne zu putzen. Aber auch wenn man grade mal keine Lust hat, weil man müde ist oder sonst schnell ins Bett will, entscheidet man sich für die Zahnreinigung auch mit der Zahnseide, weil einem das lieber ist als eben die Löcher. Weil man wegen der Löcher sonst wieder Zahnweh bekommt oder zum Zahnarzt muss.«

»Kann ja sein«, sagte Ferdinand. »Aber wie ist es mit der Schule? Die tut jetzt weh. Und sogar nur dann, wenn ich hingehe.«

»Jetzt muss ich schon wieder aufpassen«, sagte der Onkel. »Sonst lande ich wieder bei so Sätzen wie ›Nicht für die Schule, für das Leben lernen wir‹. Aber in die Schule gehst du eben, damit du einen Abschluss machst und dann mehr Möglichkeiten hast, dir einen Beruf auszusuchen. Wenn du zum Beispiel Arzt werden willst, dann musst du an die Uni, und dafür brauchst du Abitur und dafür musst du eben in die Schule und lernen. Wenn du jetzt auf Freiheit verzichtest, hast du dafür später mehr. Also gehst du auch jetzt in die Schule, weil du das willst.«

Das gefiel Ferdinand zwar nicht unbedingt, aber es war auch nicht falsch. Aber bei einer Sache konnte er den Onkel noch drankriegen. »Aber wie ist das mit etwas, das man macht, weil es gut ist. Jemandem helfen zum Beispiel. Da hab ich doch weder jetzt noch später einen Vorteil. Und trotzdem mache ich es. Manchmal wenigstens.«

»Jetzt sage ich dir etwas, wegen dem ich selbst als Jugendlicher einen schrecklichen Streit mit Erwachsenen hatte, darunter ein Schuldirektor. Ein paar Jahre später habe ich dann bei einem Philosophen etwas Ähnliches gelesen, auch wenn es umstritten ist. Ich behaupte, jeder Mensch, der etwas macht, tut es, weil er sich dadurch insgesamt besser fühlt, also für sich. Das gilt auch für selbstlose Taten, wie jemandem helfen. Ich habe dir ja schon einmal von dem Schiller-Zitat erzählt: ›Gern dien ich den Freunden, doch tu es leider mit Neigung‹. Es macht also Freude, dem Freund zu helfen. Aber selbst wenn man der Meinung folgt, dass moralisch wertvoll nur das Gute ist, das man ohne Freude macht. Warum macht das dann jemand? Weil er sagt, das sei seine moralische Pflicht. Und warum erfüllt jemand eine moralische Pflicht? Weil er sich schlechter fühlt, wenn er sie nicht erfüllt. Oder eben besser, wenn er sie erfüllt. Auch auf die Gefahr hin, als Ketzer bestraft zu werden, aber warum hat Mutter Teresa sich aufgeopfert und den Armen geholfen, obwohl sie ein viel besseres Leben hätte haben können?«

»Wahrscheinlich fand sie, dass sie das tun soll.«

»Ja, und es ist gar nicht entscheidend, warum sie das fand. Ob sie meinte, dass Gott sie beauftragt hat, oder sie sich moralisch verpflichtet fühlte oder es ihr Freude bereitet hat, anderen zu helfen. Sie fand, sie sollte das tun. Und hat sich deshalb besser gefühlt, wenn sie das tat. Für sie wäre es vermutlich unerträglich gewesen, sich nur darum zu kümmern, dass es ihr selbst gut geht. Das soll alles ihre Leistungen nicht schmälern. Ich bewundere, was sie gemacht hat und könnte das nicht. Aber letztendlich hat auch sie das getan, was sie für sich selbst für das Beste hielt: nämlich anderen zu helfen.«

Ferdinand schaute nachdenklich. Nun fiel ihm wirklich nichts mehr ein. Nach einiger Zeit sagte er: »Das ist ja alles schön und gut. Jetzt habe ich zwar erfahren, dass Mutter Teresa in Wirklichkeit auch an sich selbst gedacht hat. Da habe ich übrigens noch so meine Zweifel, ob das wirklich stimmt.«

»Das darfst du auch«, sagte der Onkel. »Wie gesagt, es ist umstritten. Außerdem tust du immer gut daran, nicht alles zu glauben, sondern dir deine eigene Meinung zu bilden.«

»Na ja, aber ich weiß immer noch nicht, was ich mit der CD machen soll.«

Der Onkel schaute nachdenklich. »Wichtig ist vor allem«, sagte er dann, »dass du eins begriffen hast. Du kannst dich selbst entscheiden. Das ist der Vorteil des Erwachsenseins. Und du bist verantwortlich dafür, wie du dich entschieden hast. Das ist der Nachteil. Wenn du das begriffen hast, bekommst du von mir die 20 Euro, die die blöde CD kostet. Das ist jetzt vielleicht nicht besonders pädagogisch wertvoll und auch nicht wirklich moralisch konsequent. Aber ich bin weder Maria Montessori oder ein anderer großer Pädagoge noch Immanuel Kant, also kann ich tun, was ich will. Außerdem ist es mir leicht 20 Euro wert, wenn ich um den Satz mit dem falschen Umgang herumkomme. Obwohl er stimmt. Außerdem musst du mir zwei Sachen versprechen.«

»Und die wären?«, fragte Ferdinand, während er nach dem Schein griff, den ihm der Onkel hinhielt.

»Erstens musst du versprechen, wieder zu mir zu kommen, bevor du mal wieder etwas vorhast, bei dem du so ein schlechtes Gewissen bekommst.«

»Und zweitens?«

»Und zweitens musst du mir die CD mal leihen. Ich will schließlich auch wissen, was man zurzeit so hört.«

»Ist gebongt. Würde gar nicht schaden, wenn da mal ein bisschen was Neues dazukommt«, sagte Ferdinand mit einer Kopfbewegung zu Onkel Gottfrieds Platten und CDs, die ziemlich wirr rund um die Stereoanlage aufgestapelt waren. »Obwohl, für 'nen Erwachsenen ist es sogar einigermaßen ok.«

»Für sein Alter ist der Onkel sogar ziemlich ok«, dachte Ferdinand auf dem Nachhauseweg. »Eigentlich nicht nur für sein Alter.«

Die Sache mit den Jungs und den Mädchen

Oder

Kann etwas schlecht daran sein, wenn man sich liebt?

Als er an dem Haus vorüberging, in dem Jeff Thatcher wohnte, erblickte er im Garten ein fremdes Mädchen – ein niedliches, zartes, blauäugiges Geschöpf mit langen blonden Haaren, die ihr in zwei langen Zöpfen über den Rücken hingen, in einem weißen Sommerkleid und langen Spitzenhöschen. Der ruhmgekrönte Held war getroffen, ohne dass jemand einen Schuss abgefeuert hätte. Eine gewisse Amy Lawrence verschwand aus seinem Herzen und ließ auch nicht den Schatten einer Erinnerung darin zurück. Und er hatte gemeint, sie bis zum Wahnsinn zu lieben, mit leidenschaftlicher Anbetung, und nun auf einmal wurde ihm klar, dass er nicht mehr als ein leichtes, flüchtiges Wohlwollen für sie empfand. Viele Monate hindurch hatte er sie umworben und erst vor einer Woche hatte sie ihm ihre Gegenliebe gestanden. Sieben Tage war er der glücklichste, stolzeste Junge der Welt gewesen, und jetzt – jetzt verabschiedete er sie aus seinem Herzen wie einen zufälligen Gast, der sich nach kurzem Besuch empfiehlt. Verstohlen warf er bewundernde Blicke auf diesen neu aufgetauchten Engel, bis er bemerkte, dass auch sie ihn entdeckt hatte. Da tat er natürlich so, als wüsste er gar nichts von ihrer Anwesenheit, und fing an, nach echter Jungenart »sich aufzuspielen«, um ihre Bewunderung zu erlangen. Er machte allerlei seltsame Verrenkungen, bis er mitten in seiner halsbrecherischen gymnastischen Übung zur Seite schielte und sah, dass die kleine Holde sich dem Haus zuwandte. Da brach er ab, lief an den Zaun und lehnte sich mit tief betrübter Miene dagegen, doch auch in der heimlichen Hoffnung, dass sie noch etwas verweilen würde. Tom stieß einen tiefen Seufzer aus, als sie ihren Fuß auf die Schwelle setzte, aber im Nu hellte sich sein melancholischer Gesichtsausdruck wieder auf, denn ehe sie verschwand, hatte sie ein Stiefmütterchen über den Zaun geworfen.

Mark Twain, *Die Abenteuer des Tom Sawyer*

»Hallo Pia, ich wusste gar nicht, dass du kommen wolltest.«
Onkel Gottfried war überrascht. »Du hast Glück, dass ich zuhause bin. Eigentlich habe ich donnerstags Yoga. Das fällt
allerdings heute aus.«

»Du machst Yoga?« Jetzt war Pia überrascht.

»Ja, warum nicht?«

»Ich stell mir nur gerade vor, wie du zwischen lauter Frauen in
weiten Klamotten in so einem alternativen Laden sitzt. Im
Lotossitz. Überall Räucherstäbchen. Und du singst ›Ooooom-
mmm‹. Obwohl, wenn ich ehrlich bin, das kann ich mir gar
nicht vorstellen.«

»Na ja. Ein bisschen ist es ja sogar so.« Dem Onkel war das
sichtlich ein wenig peinlich. »Aber ich mache eine spezielle
Form von Yoga, die recht anstrengend ist. Und es tut mir
wirklich gut. Man fühlt sich nachher immer viel besser. Deshalb bist du aber sicher nicht gekommen. Und warum hast du
Ferdinand nicht mitgebracht?«

»Ach, der … der konnte nicht«, druckste jetzt Pia ein wenig
herum. »Ach …, wenn ich ehrlich bin, ich wollte mit dir allein
reden.«

»Was ist denn los? Ist etwas passiert?«, fragte der Onkel.

»Nein. Ja. Oder schon.«

»Du machst mich ja wirklich neugierig.«

»Es geht um Beziehungen«, sagte Pia.

»Also, ich bin mir nicht so sicher, ob ich da der richtige Ge-
sprächspartner bin«, sagte der Onkel. »Schon was Beziehungen angeht. Und erst recht für dich als Mädchen. Du willst
doch jetzt nicht etwa …? Hat deine Mutter nicht darüber mit
dir gesprochen …?«

»Ach, du meinst, ob ich aufgeklärt bin?« Pia musste fast lachen, wie ihr Onkel herumdruckste. Die Idee fand sie zu komisch. »Mann, du bist ja lustig. Ich bin doch keine 14 mehr.
Und selbst da hab ich schon ziemlich gut Bescheid gewusst.«

»Ah ja«, sagte der Onkel.

»Nein, es geht um was anderes. Ich hab das mit Anne besprochen. Wir sind aber nicht weitergekommen. Und Anne hat dann gesagt, da müsste man wissen, wie ein Mann so was sieht. Als wir dann überlegt haben, an wen wir uns da wenden könnten, warst du der Einzige, der mir eingefallen ist. Vater kann ich ja nicht fragen. Und die Jungs aus meiner Klasse sowieso nicht, die würden da nur blöd rumreden.«

»Aha!« Der Onkel fragte sich, was nun kommen würde.

»Aber du musst mir versprechen, dass du den Eltern nichts sagst!«

»Sagen wir mal, ich werde es versuchen, aber wenn du mir jetzt beichtest, dass du Heroin spritzt, kann ich ja schlecht zuschauen und den Mund halten.«

»Keine Angst, so was ist es nicht«, beruhigte Pia ihren Onkel. »Ich bin doch seit einiger Zeit mit Marc zusammen.«

»Den kenn ich gar nicht.«

»Kannst du auch nicht, der ist zurzeit als Austauschschüler in den USA. Und daher kommt auch das Problem. Er ist so weit weg. Und jetzt auch schon so lange. Nicht, dass ich ihn nicht lieben würde, aber da ist letztes Wochenende was gewesen.«

»Und was?«

»Na ja, nichts wirklich Schlimmes. Zumindest war kein echtes Gefühl dabei. Ich habe mit einem Typen rumgeknutscht.«

»Wie bitte?«

»Jetzt hab dich nicht so.«

»Ich mein ja nur«, sagte Onkel Gottfried. »Offensichtlich hast du da ja klare Vorstellungen. Hast du wenigstens an Schutz gedacht?«

»Hör mal! Ich hab dir doch schon gesagt, dass ich keine 14 mehr bin. Außerdem ist nicht wirklich was passiert. Wir haben nur rumgeknutscht. Da hatte ich plötzlich ein wahnsinnig schlechtes Gewissen wegen Marc.«

»Wenigstens etwas. Aber was habe ich jetzt eigentlich damit zu tun?«

»Na, ich weiß nicht, wie Marc reagieren würde, wenn jetzt tatsächlich etwas passiert wäre und er davon erfährt. Anne meint, Männer ticken da vielleicht ganz anders. Und da wollte ich dich fragen, wie denn die Männer das so sehen.«

»Was, das mit dem ›Was-passieren‹ oder das mit einem Seitensprung?«

»Ja, das mit einem ›Seitensprung‹ halt, wie du es nennst. Das klingt aber gleich so komisch moralisch.«

»Ich finde auch, dass das was mit Moral zu tun hat.«

Ist ein »Seitensprung« etwas Unmoralisches?

»Aber fang jetzt bloß nicht mit den Zehn Geboten an. Das habe ich schon befürchtet.«

»Doch, genau damit wollte ich anfangen«, entgegnete der Onkel.

»Das kannst du sein lassen. Erstens sind die Zehn Gebote nur was für Gläubige, und wenn es für Nichtgläubige nicht gilt, dann kann es ja nicht so schlimm unmoralisch sein.«

»Und zweitens?«, fragte der Onkel.

»Und zweitens geht's da nur um Ehebruch. Und verheiratet bin ich ja Gott sei Dank noch nicht.«

»Also erstens sind die Zehn Gebote nicht unbedingt nur was für Leute, die gläubig sind, und zweitens gilt das auch, wenn man nicht verheiratet ist.«

»Wie soll das denn funktionieren, dass die Zehn Gebote für alle sind?«, erwiderte Pia. »Schon das Erste Gebot heißt doch, dass man an Gott glauben soll und nicht an andere Götter. Da sieht man doch, dass das eben nur für die gilt, die an diesen Gott glauben.«

»Das stimmt und stimmt auch nicht«, sagte der Onkel.

»Was soll das denn jetzt heißen?«, sagte Pia. »Drück dich doch bitte klarer aus« »Bei den Zehn Geboten kann man zwei Teile unterscheiden: die ersten drei und den Rest. Wenn du einmal aufpasst, dann sieht man auf Abbildungen in Kirchen auch, wie Gott Moses zwei Tafeln überreicht und da sind dann nicht fünf Gebote auf jeder, wie man erwarten würde, sondern auf der einen Tafel steht in lateinischen Ziffern I-III und auf der anderen IV-X.«

»Und warum das?«

»Weil die ersten drei Gebote das Verhältnis der Menschen zu Gott regeln. Die richten sich tatsächlich an die Menschen, die diesen Glauben haben. Die anderen aber regeln, wie sich die Menschen untereinander verhalten sollen. Die gelten für alle.«

»Ja, aber die kommen doch auch von dem Gott, an den nur manche glauben.« Pia verstand nicht, wieso das dann für alle gelten sollte.

»Du meinst sicher, nur der, der an Gott glaubt, denkt: ›Das ist richtig, weil Gott es sagt‹.«

»Ja genau.«

»Man kann es aber auch anders sehen: ›Gott sagt es, weil es richtig ist.‹«

Die Zehn Gebote
(nach Martin Luther)

1. Ich bin der Herr, dein Gott. Du sollst keine anderen Götter haben neben mir.

2. Du sollst den Namen des Herrn, deines Gottes, nicht missbrauchen.

3. Du sollst den Feiertag heiligen.

4. Du sollst deinen Vater und deine Mutter ehren.

5. Du sollst nicht töten.

6. Du sollst nicht ehebrechen.

7. Du sollst nicht stehlen.

8. Du sollst nicht falsch Zeugnis reden wider deinen Nächsten.

9. Du sollst nicht begehren deines Nächsten Haus.

10. Du sollst nicht begehren deines Nächsten Weib, Knecht, Magd, Vieh noch alles, was dein Nächster hat.

> »Sokrates: *Bald, mein Guter, werden wir es besser wissen. Bedenke dir nämlich nur dieses, ob wohl das Fromme, weil es fromm ist, von den Göttern geliebt wird, oder ob es, weil es geliebt wird, fromm ist?*
> Euthyphron: *Ich verstehe nicht, was du meinst, Sokrates.*«
>
> Platon, 427–348 v. Chr.,
> Griechischer Philosoph

> *Seelenstärke, Geduld, Selbstbeherrschung, Achtung fremden Eigentums, Reinheit, Beherrschung der Sinne, Einsicht, Weisheit, Wahrheit und Meidung jeden Zorns.*
>
> Die zehn Gebote des Manu
> im Hinduismus

> *Töte kein Lebewesen,*
> *Nimm nicht, was dir nicht gegeben,*
> *Sprich nicht die Unwahrheit,*
> *Trinke keine berauschenden Getränke,*
> *Sei nicht unkeusch.*
>
> Die fünf Gebote des Buddhisten
> auf seinem Weg zum Heil

»Das ist doch dasselbe«, protestierte Pia.

»Nein, eben nicht«, erwiderte Onkel Gottfried. »Dieser Unterschied ist ein altes philosophisches Problem, das bereits Platon beschäftigte.

Für den Gläubigen ist natürlich klar, dass Gott nichts Falsches sagt. Aber wenn man es ausdrückt ›Gott sagt es, weil es richtig ist‹, dann ist es nicht nur richtig, weil Gott es gesagt hat, sondern auch dann, wenn es Gott nicht gesagt hat oder wenn es gar keinen Gott gibt.«

»Und woher will man das wissen?«, fragte Pia.

»Man könnte da einen Grundsatz formulieren: Wenn etwas in ganz verschiedenen Kulturen als richtig angesehen wird, spricht sehr viel dafür, dass es grundlegend wahr ist. Und das meiste, was in dem zweiten Teil der Zehn Gebote steht, findet man mehr oder weniger auch in anderen Religionen. Manchmal anders betont, manchmal anders formuliert, aber immer mit dem gleichen Kern.

Im Judentum ist zum Beispiel das Gebot, den Sabbat zu heiligen, besonders ausgeprägt, in den chinesischen Philosophien die Achtung alter Menschen. Im Islam ist die Tatsache, dass es nur einen Gott geben darf, besonders wichtig. Und im Buddhismus das Tötungsverbot.«

»Aber dieses ewige ›Du sollst‹ und ›Du sollst nicht‹, das ist eine furchtbare Bevormundung«, meinte Pia. »Das können doch keine Grundsätze sein, die immer und für alle gelten.«

»Vielleicht kann man sie einfach als Anwendungsbeispiele auffassen«, erwiderte der Onkel.

»Wie das?«

»Wenn du zum Beispiel ›Du sollst nicht lügen‹ oder ›Du sollst nicht falsch Zeugnis reden wider deinen Nächsten‹ nimmst. Jetzt kann man jedes Mal anfangen zu überlegen, warum eine Lüge schlecht ist. Weil niemand selbst belogen werden will. Das wäre die Goldene Regel: ›Was du nicht willst, dass man dir tu, das füg auch keinem andren zu‹. Oder weil keine Unterhaltung möglich wäre, wenn alle ständig lügen. Das wäre eine andere bekannte ethische Regel, Kants kategorischer Imperativ: Handle so, dass die Maxime deines Willens allgemeines Gesetz sein könnte.«

»Das versteht doch kein Mensch.«

»Genau«, sagte der Onkel, »aber ›Du sollst nicht lügen‹, das versteht man eben.«

»Und wie ist das jetzt mit ›Du sollst nicht ehebrechen‹?« wollte Pia wissen.

»Ja, da steckt das enttäuschte Vertrauen dahinter. In einer Ehe verspricht man sich, treu zu sein. Wenn einer von beiden dieses Versprechen bricht, funktioniert meist die Ehe nicht mehr.«

> »Handle so, dass die Maxime deines Willens jederzeit zugleich als Prinzip einer allgemeinen Gesetzgebung gelten könne.«
>
> Immanuel Kant, 1724–1804,
> Deutscher Philosoph

»Aber ich bin doch nicht verheiratet«, protestierte Pia erneut. »Und ein Gebot ›Du sollst deinen Freund nicht betrügen‹ gibt es doch nicht.«

»Weil die Bibel davon ausgeht, dass das Versprechen, sich treu zu sein, als Ehe von Gott gesegnet werden sollte. Wenn du so willst, war das, was du mit Marc hast, nicht vorgesehen, als die Zehn Gebote formuliert wurden. Entscheidend ist für mich an dieser Stelle die Frage: Habt Ihr eine Beziehung, bei der man vertraut, dass der andere treu ist oder nicht?«

»Ja, schon«, meinte Pia nachdenklich. »Aber eines weiß ich immer noch nicht: Muss ich Marc dann jetzt davon erzählen?«

Muss man seinem Partner einen Seitensprung beichten?

»Mal langsam. Der Grundsatz muss natürlich sein, dass man innerhalb einer Beziehung ehrlich zueinander ist. Und diese Ehrlichkeit verlangt dann, dass man einen Seitensprung beichtet.«

»Wieso denn? Ich würde ja nur dann lügen, wenn Marc mich fragt und ich antworten muss«, sagte Pia.

»Und was machst du dann, wenn er dich irgendwann einmal fragt, ob du ihn mal betrogen hast? Antwortest du dann: ›Eigentlich wollte ich es ja nicht erzählen, aber jetzt, wo du mich fragst: Ja‹? In einer Beziehung sollte man nicht speziell fragen müssen. Wenn es etwas Entscheidendes ist, hat man dort auch die Pflicht, es zu sagen. Das ganze ist auch eine Frage des Vertrauens. Jede Beziehung baut auf Vertrauen auf.«

»Ja, aber gerade das kann doch dahin sein, wenn der Partner vom Seitensprung erfährt. Und wenn er nichts weiß, ist alles in Ordnung.«

»Aber was ist, wenn es der Partner dann anders herausbekommt?«, erwiderte der Onkel. »Dann ist das Vertrauen ziemlich sicher völlig dahin.«

»Das würde ja bedeuten, man muss nur dann was erzählen, wenn die Gefahr besteht, dass es rauskommen könnte.«, überlegte Pia. »Eigentlich ist das ja so ähnlich wie damals, als ich lieber mit Marc in Urlaub fahren wollte und Anne einen anderen Grund für die Absage nennen.«

»Das mit einer guten Freundin ist wirklich ein bisschen ähnlich wie mit einem Partner. Und was du sagst, ist eine gute Überlegung. So auf den ersten Blick liegt das auf der Hand. Aber wenn man weiter nachdenkt, merkt man, dass sich auf dieser Grundlage natürlich nie so etwas wie Vertrauen entwickeln kann und damit auch keine echte Partnerschaft. Im Übrigen finde ich, dass es viel wichtiger ist, warum man überhaupt mit jemand anderem was angefangen hat. Ob das aus einer Laune heraus war, ob du unzufrieden mit deiner Beziehung bist, ob du es bereust, oder ob du dir vorstellen kannst, dass es wieder passiert.«

»Was hat das denn damit zu tun, ob man es sagen soll?«

»Nicht, dass ich jetzt einen Seitensprung schönreden will, aber schlimmer als das Körperliche finde ich den Betrug im Kopf«, antwortete Onkel Gottfried. »Wie heißt es so schön: ›Das Fleisch ist schwach‹?«

»Du sprichst in Rätseln. Was soll das jetzt wieder bedeuten?«

»Dass, wie du so schön sagst, ›mal was passieren kann‹. Es sollte nicht und es darf eigentlich auch nicht. Aber der Fehler ist dann zunächst einmal geschehen. Und vielleicht war das ein Ausrutscher, hinterher fühlt man sich entsetzlich und erkennt womöglich sogar erst, wie sehr man seinen Partner eigentlich liebt. Dann finde ich das weniger schlimm, als wenn man fremdgeht, weil man in der Beziehung unzufrieden ist. Weil man dann den Betrug im Kopf fortsetzt. Und das halte ich eben für schlimmer.«

»Da ist was dran«, Pia war nachdenklich. »So sieht das jetzt also ein Mann?«

»Das kann man nicht verallgemeinern. Es gibt einfach nicht ›den Mann‹, genauso wenig, wie es ›die Frau‹ gibt. Das sieht jeder anders.«

»Und du?«

»Ich glaube, ich möchte es erfahren, damit ich weiß, woran ich bin. Und dann wäre für mich eben wieder das Warum entscheidend.«

»Wie ist denn das eigentlich allgemein mit dem Sex?«

»Wie bitte? Was meinst du denn damit?«, fragte der Onkel überrascht.

»Ist der denn allein schon unanständig? Oder sogar unmoralisch?«, wollte Pia wissen. »Es heißt doch oft bei Witzen, dass das ›unanständige‹ Witze sind, wenn es in diese Richtung geht. Oder ›unanständige Filme‹.«

> *Haben die Leute Recht, die behaupten,*
> *dass Sex etwas Unanständiges ist?*

»Also … Also, ich weiß nicht«, druckste Onkel Gottfried etwas verlegen herum. »Das mit dem ›unanständig‹ hört sich eher antiquiert an. Ich würde das auch nie sagen. Trotzdem: Halt mich jetzt bitte nicht für prüde, aber ich weiß wirklich nicht so recht, ob das ein geeignetes Thema für uns ist. Vielleicht solltest du das mit deiner Mutter besprechen.«

»Wenn du meinst«, sagte Pia und fügte noch leise »Mal sehen« an, was der Onkel nicht hören konnte.

Ein paar Tage später war Onkel Gottfried bei seiner Schwester, Pias Mutter, zu Besuch. Sie war beim italienischen Großmarkt gewesen und hatte für ihn mit eingekauft. Nun saßen sie über italienischen Spezialitäten, die sie gleich aus dem Papier und der Verpackung aßen zusammen mit frischem italienischem Weißbrot.

»Ich hätte übrigens mal eine Frage an Onkel Gottfried«, sagte Pia scheinbar nebenher, während sie sich eine große Scheibe Mortadella angelte.

»Die Gelegenheit ist günstig«, sagte die Mutter. »Wenn er gut zu essen bekommt, ist er immer recht zugänglich.«

»Als wenn ich das nicht sonst auch wäre«, sagte der Onkel und biss in ein Stück Peccorino.

»Ich wollte wissen, ob Sex etwas Unmoralisches ist«, sagte Pia und schaute Onkel Gottfried grinsend an, der sich fast an seinem Käse verschluckte.

»Nun ... bin ich denn da der richtige Ansprechpartner für ein Mädchen oder eine junge Frau?«, sagte er ausweichend.

»Wieso denn nicht?«, fragte die Mutter.

»Ist das nicht eher etwas, das unter Frauen geklärt werden sollte?«, entgegnete der Onkel.

»Na so was, Gottfried, seit wann bist du denn prüde?«, sagte die Mutter spöttisch. »Das Prinzip kennst du doch, und Pia will ja jetzt keine Tipps. Außerdem würde mich auch interessieren, wie das jemand sieht, der die Moral so hochhält.«

»Also gut«, meinte der Onkel und warf der grinsenden Pia einen Blick zu. »Wie Ihr wollt. Ich habe da auch eine recht klare Meinung dazu.«

»Nämlich?«

»Ich wüsste nicht, was an Sex als solchem unmoralisch sein sollte. Eigentlich gar nichts.«

»Echt? Das hätte ich jetzt gar nicht so erwartet!« Pia war so erstaunt, dass sie sich fast an einer Olive verschluckte. Und auch ihre Mutter wunderte sich ein bisschen: »Na, ist das nicht eine ein bisschen zu absolute Aussage – so gar nichts?«

»Doch, dazu stehe ich!«, antwortete ihr Bruder. »Man muss nur ein paar Grundsätze beachten.«

»Das interessiert mich jetzt aber, Bruderherz, leg mal los. Und denk dran, es ist eine Minderjährige anwesend.«

»Sehr witzig!«, Pia war leicht verärgert. Sie hasste solche Anspielungen. »Und allzu lange stimmt das auch nicht mehr.«

»Du hast ja schließlich auf diesem Thema bestanden«, sagte Onkel Gottfried zu seiner Schwester. »Also, grundsätzlich ist Sex Ausdruck körperlichen Verlangens oder, wenn man so will, körperlicher Zuneigung. Das ist nichts Schlechtes. Im Gegenteil, er kann Ausdruck von Liebe sein und die ist ja etwas wirklich Wertvolles. Wahrscheinlich ist Liebe wirklich das Wertvollste, das wir haben.«

»Die Liebe allgemein schon«, entgegnete die Mutter. »Die umfasst aber viele Formen wie Nächstenliebe, Elternliebe und auch die ›platonische Liebe‹, also die ganz ohne Sex. Der muss da also gar nicht dabei sein.«

»Ja, aber interessanterweise hat gerade Platon das schönste Bild für die Liebe zwischen zwei Menschen gefunden, die Liebe, die wir nicht platonisch nennen. Und Platon war übrigens insgesamt wirklich nicht prüde.«

»Und wie sieht das Bild aus?«, wollte Pia wissen.

»Er meinte, ursprünglich seien die Menschen Kugeln gewesen, die aber dann, weil sie sich gegen die Götter auflehnten, zur Strafe halbiert wurden. Und seitdem irren sie als Halbkugeln durch die Welt und suchen ihr jeweiliges Gegenstück. Das gibt es irgendwo und das ist dann der Mensch, dem die ganze Liebe gilt.«

»Das ist aber wirklich eine wunderbare Idee, dass es zu jedem Menschen das passende Gegenstück gibt, das er liebt und von dem er geliebt wird.« Pia war ganz begeistert.

»Platon hat bei dieser Geschichte übrigens die gleichgeschlechtliche Liebe nicht anders bewertet als die zwischen Mann und Frau«, fuhr Onkel Gottfried fort. »Er meint, die Kugeln, die ganz männlich oder ganz weiblich gewesen seien, suchten sich eben ihre andere Hälfte im jeweils gleichen Geschlecht. Und die Menschen, die vorher als Kugel beides, also halb Mann, halb Frau, gewesen waren, suchen jetzt als Halbkugel ihr Gegenstück im anderen Geschlecht.«

»Dann ist also an Homosexualität auch nichts Schlechtes?« Pia fand das wirklich interessant.

»Darüber ist man ja zum Glück wirklich schon lange hinweg«, meinte der Onkel.

Pias Mutter pflichtete ihrem Bruder bei: »Es ist zwar für manche immer noch ein bisschen ungewohnt, aber jeder muss wissen, was ihm oder ihr gefällt.«

»Und wenn man nun nicht mit der großen Liebe des Lebens Sex hat?«, fragte Pia und bereute es schon fast wieder, als sie den

»Seit so alter Zeit also ist die Liebe zueinander den Menschen eingepflanzt: Sie stellt die ursprüngliche Natur wieder her und versucht, aus zweien eins zu machen und menschliche Natur zu heilen.

Jeder von uns ist also das Gegenstück von einem Menschen, da wir ja, zerschnitten wie die Schollen, aus einem zwei geworden sind. Ewig sucht jeder sein Gegenstück.

Das ist, was jeder von je begehrte: nämlich vereint und verbunden mit dem Geliebten aus zweien eines zu werden. Das ist darin begründet, dass unsere ursprüngliche Natur so war und wir ganze Menschen waren. Und das Begehren und der Drang nach dem Ganzen heißt Liebe.«

Platon, 427–348 v. Chr., Griechischer Philosoph

etwas argwöhnischen Blick ihrer Mutter bemerkte.

»Auch wenn Sex zum reinen Vergnügen gemacht wird: Sich zu amüsieren, daran ist doch wirklich nichts Unmoralisches«, sagte der Onkel.

»Das würde ich jetzt nicht unbedingt unterschreiben wollen«, unterbrach ihn seine Schwester an dieser Stelle. »Aber was sind denn nun die anderen Aspekte?«

»Als Erstes die Frage, ob es denn wirklich ein reines Vergnügen ist, Sex mit jemandem zu haben, den man nicht liebt. Wenn es so ist: in Ordnung. Aber es kann genauso gut sein, dass es eigentlich gar nicht so richtig Spaß macht und man sich stattdessen schlecht fühlt. Das muss jeder selber wissen. Allerdings kann Sex immer sehr schnell dann wirklich etwas Schlechtes werden, wo er nicht in völligem Einvernehmen beider Partner ausgeübt wird.«

»Na klar, bei einer Vergewaltigung!«, warf Pia ein.

»Ja, das ist das Extrem«, antwortete der Onkel. »Das ist ja nun wirklich eines der schlimmsten Dinge, die man jemandem antun kann. Aber es geht schon viel früher los. Schon bei dem, was ich gerade gesagt habe: Wenn einer von beiden sich nicht gut dabei fühlt. Oder noch mehr, wenn einer oder eine den anderen oder die andere zum Sex drängt. Auch in einer Beziehung. Wenn zum Beispiel der Freund unbedingt gleich miteinander schlafen will, die Freundin aber noch nicht. Wenn einer den anderen zu Praktiken zwingt, die nicht beide wollen. Und so weiter. Das Entscheidende ist immer, dass beide das so wollen. Was genau sie wollen, ist weniger entscheidend, aber sie müssen es eben beide wollen. Und damit hängt dann auch der dritte Aspekt zusammen.«

»Und der wäre?«, fragte die Mutter. »Mir fehlt nämlich noch was.«

»Verantwortung«, sagte der Onkel.

»Genau das!«, bestätigte die Mutter.

»Toll, das ist ja wirklich genau das, was man so braucht«, warf Pia leicht ironisch ein. »In dem Moment den Kopf voll zu haben mit ›Verantwortung‹. Damit hat man ja auch gleich eine Form von Verhütung.«

»Ja, das ist ein gutes Stichwort«, sagte der Onkel. »Verhütung zum Beispiel. Wenn man miteinander aus Vergnügen schläft und keine Kinder haben will, dann ist es unverantwortlich, nicht an Verhütung zu denken. Und das ist dann auch vorwerfbar. Oder möchtest du jetzt ein Kind bekommen?«

»Um Gottes willen: nein«, schreckte Pia auf. »Ich will doch erst mal die Schule fertig machen.«

»Genau!«, fuhr der Onkel fort. »Da hat man kurz mal Spaß, denkt sich nichts, und plötzlich ist das ganze Leben anders.«

»Ist das nicht ein bisschen hart?«, fragte Pia.

»Nicht im Geringsten«, sagte der Onkel. »Das betrifft ja zum Teil Mädchen, die viel jünger sind als du. Die selbst noch Kinder sind und dann bekommen sie welche. Da entstehen wirklich große Probleme. Das Nächste ist der Schutz vor Infektionen. Aids hat das ja wieder allgemein ins Bewusstsein gebracht. Wer ungeschützten Verkehr hat, geht mit allen vorherigen Partnern des anderen gleichzeitig ins Bett.«

»Also Gottfried!« Der Mutter fielen beinahe die eingelegten Tomaten vom Brot, in das sie gerade beißen wollte.

»Nein, das muss man doch klar sehen und auch sagen.« Onkel Gottfried wandte sich an seine Nichte: »Wahrscheinlich würdest du deinem Marc voll vertrauen. Dass er verantwortlich handelt.«

»Sicher!«

»Und seiner Ex auch?«

»Der blöden Ziege«, empörte sich Pia, »der würde ich nicht fünf Minuten über den Weg trauen.«

»Eben. Du weißt ja nicht, mit wem die im Bett war. Und zur Verantwortung gehört auch noch, sich immer klar zu machen, was der Sex jetzt für den anderen bedeutet.«

»Wie bedeutet?«, das verstand Pia nicht ganz. »Was kann man denn daran missverstehen?«

»Zum Beispiel, ob es Sex rein aus Vergnügen ist oder einer von beiden den anderen liebt. Wenn man sich da nämlich nicht einig ist, kann man den anderen ganz furchtbar verletzen. Garantiert hat dir schon einmal eine Freundin erzählt, irgendein Typ hat ihr erst die große Liebe versprochen und wollte in Wirklichkeit nur Sex.«

»Natürlich, schon ein paar Mal«, sagte Pia.

»Und das ist entweder absichtlich geschehen, oder aber es waren ganz einfach nur unterschiedliche Erwartungen dabei«, erklärte Onkel Gottfried weiter. »Und beim Sex ist es besonders unschön, wenn man sich täuscht oder getäuscht wird, weil es etwas sehr Intimes ist, das man nicht unter falschen Voraussetzungen machen will. Und noch eins.«

»Ja?« Die Mutter war sich unsicher, was jetzt noch kommen mochte.

»Verantwortung gibt es auch beim Sex mit dem Partner, den man liebt, weil er eben ein Sich-fallen-Lassen bedeutet und weil die Liebe eben so etwas Besonderes ist.«

»Amen«, ergänzte Pia. Und als ihr Onkel und ihre Mutter sie etwas befremdet ansahen, rechtfertigte sie sich: »Entschuldigt, aber das klang jetzt wieder sehr nach Predigt.«

»Vielleicht hast du Recht und es war etwas pastoral«, meinte Onkel Gottfried, der sich richtig in Rage geredet hatte. Er schnappte sich eine Scheibe Parmaschinken. »Aber zum Inhalt stehe ich.«

»Ich habe nicht das Gefühl, dass das, was Gottfried so von sich gegeben hat, ›pastoral‹ oder ›predigthaft‹ war«, sagte die Mutter. »Im Gegenteil, auch wenn die Kirchen heute schon viel offener zum Thema Sexualität stehen, bei manchem davon hätten die Religionslehrer aus unserer Schulzeit ganz schön rote Ohren bekommen.«

»Da sieht man mal wieder, dass früher doch nicht alles besser war«, meinte Pia, und alle drei mussten lachen.

Rasen betreten verboten!

Oder

Warum soll man sich an Regeln halten?

*A*ls er auf dem Planeten ankam, grüßte er den Laternenanzünder ehrerbietig.

»Guten Tag. Warum hast du deine Laterne eben ausgelöscht?«

»Ich habe die Weisung«, antwortete der Laternenanzünder. »Guten
Tag.«

»Was ist das, die Weisung?«

»Die Weisung, meine Laterne auszulöschen. Guten Abend.«

Und er zündete sie wieder an.

»Aber warum hast du sie soeben wieder angezündet?«

»Das ist die Weisung«, antwortete der Anzünder.

»Ich verstehe nicht«, sagte der kleine Prinz.

»Da ist nichts zu verstehen«, sagte der Anzünder. »Die Weisung ist
eben die Weisung. Guten Tag.«

Und er löschte seine Laterne wieder aus.

Dann trocknete er sich die Stirn mit einem rot karierten Taschen-
tuch.

»Ich tue da einen schrecklichen Dienst. Früher ging es vernünftig
zu. Ich löschte am Morgen aus und zündete am Abend an. Den
Rest des Tages hatte ich zum Ausruhen und den Rest der Nacht
zum Schlafen ...«

»Und seit damals wurde die Weisung geändert?«

»Die Weisung wurde nicht geändert«, sagte der Anzünder. »Das ist
ja das Trauerspiel! Der Planet hat sich von Jahr zu Jahr schneller
und schneller gedreht und die Weisung ist die gleiche geblieben!«

»Und?«, sagte der kleine Prinz.

»Und jetzt, da er in der Minute eine Umdrehung macht, habe ich
nicht mehr eine Sekunde Ruhe. Jede Minute zünde ich einmal an,
lösche ich einmal aus!« (...)

Und er zündete seine Laterne wieder an.

Der kleine Prinz sah ihm zu, und er liebte diesen Anzünder, der
sich so treu an seine Weisung hielt.

Antoine de Saint-Exupéry, *Der kleine Prinz*

»Betreten der Rasenflächen verboten!« Seit Ferdinand sich erinnern kann, steht dieses Schild an der kleinen Rasenfläche
vor ihrem Haus. Und weil man den Rasen nicht betreten darf,
muss Ferdinand jedes Mal einen Umweg machen, wenn er zu
seinem Fahrrad will. Einmal außen rum, statt das kurze Stück
quer darüber. Lange Zeit war ihm das gar nicht so bewusst geworden und er hatte gar nicht darüber nachgedacht. Es war
einfach so. Schon immer so gewesen: Über den Rasen durfte
man nicht laufen. Dann hatte ihn eines Tages sein Freund Mike
zum Fußballtraining abgeholt. Ferdinand ging wie immer
außen rum, Mike aber schnurstracks über den Rasen.
»Was soll denn das?«, fragte Mike. »Hier geht's rüber. Was
läufst du denn für 'nen Unsinn?« Ferdinand wollte gerade auf
das Schild zeigen, aber da hatte es Mike schon gesehen: »Das
meinst du doch nicht ernst! Du lässt dir wie so'n Milchbubi
vorschreiben, wo du langgehst? Warum gehst du nicht gleich
an Mamis Hand. Du hast ja wohl 'ne Meise!«
»Nee, natürlich nicht!«, sagte Ferdinand schnell, »is nur so 'ne
Gewohnheit«, und nahm sich vor, das in Zukunft nicht mehr
zu tun. Später überlegte er dann, warum er sich eigentlich so
lange daran gehalten hatte.
»Da gibt es doch echt keinen vernünftigen Grund dafür«,
dachte er sich, »außer, dass es eben verboten ist.« Eigentlich
könnte ihm das Schild doch völlig egal sein. Obwohl es das ja
eben nicht war, er ärgerte sich schließlich darüber. Noch mehr
ärgerte er sich aber darüber, dass es ihm nicht egal war. Mike
scherte das nicht. Aber was war nun? Sollte er sich weiter
daran halten oder nicht?

*Warum soll man sich an Regeln
und Gesetze halten?*

»Dumme Frage, an Regeln musst du dich halten, weil du sonst bestraft wirst!«, antwortete Ferdinands Vater, als dieser ihn fragte.

»Ja, und wer bestraft mich, wenn ich über den Rasen vor dem Haus laufe? Würdest du mir das Taschengeld deswegen kürzen? Das ist doch nicht dein Ernst!«

»Na ja, wegen dem Rasen wohl nicht unbedingt«, meinte der Vater. »Aber du wolltest es doch allgemein wissen. Und außerdem: Als ihr kleiner wart, hat euch Herr Wallauschtschek da ganz schön die Ohren lang gezogen, wenn ihr so was gemacht habt.«

Das liebte Ferdinand ganz besonders, wenn die Eltern mit »als ihr kleiner wart« anfingen. Besonders wenn Ferdinands Mutter dann sagte: »Ach, du warst so ein süßer Junge!« Ferdinand könnte kotzen, wenn er das hört. Aber das mit Herrn Wallauschtschek dem Hausmeister stimmte. Der hatte immer ziemlich aufgepasst, dass keiner über den Rasen geht, also dass alle sich an das Verbot halten. Und wenn er jemanden erwischte, hatte er furchtbar geschimpft und gedroht, dass er demjenigen die Ohren lang zieht. Ferdinand wusste noch, dass sein Freund Max einmal tatsächlich Hausarrest deswegen bekommen hatte; Herr Wallauschtschek hatte sich bei Max' Eltern beschwert. Deswegen hatten sie Angst vor dem Hausmeister gehabt, überlegte Ferdinand, aber eigentlich hatten sie vor allem Angst davor gehabt, bestraft zu werden.

Ferdinand überlegte. »Ist denn das immer so?, fragte er. »Bei den meisten Verboten gibt es doch gar keinen, der so gut darauf aufpasst, wie Herr Wallauschtschek auf den Rasen vorm Haus.«

»Ja natürlich ist das immer so«, sagte der Vater, »ein ganzer Teil unseres Staates funktioniert danach. Wozu hätte man schließlich sonst Gefängnisse oder die Polizei. Wer etwas tut, das verboten ist, wird bestraft. Und weil niemand gern bestraft wird, hält er sich an die Gesetze. Und das ist auch gut so.«

»Jedes Geschöpf regieren die Strafen,
Unbehütet lassen sie keins.
Über uns wachen sie, auch wenn
wir schlafen,
Straf' und Gesetz, spricht der Weise,
sind eins.
Strafte der König für Missetaten
Nicht den Schuldigen, der sie getan,
Wie einen Fisch am Spieße braten
Würde der Starke den Schwächeren
dann.
Krähen würden das Opfer verzehren,
Und die Hunde leckten daran.
Niemandem würde das Seine gehö-
ren,
Niedere maßten die Würde sich an.
Alle beherrscht die Strafe auf Erden,
Reine Menschen findet man kaum.
Nur durch die Furcht vor der Strafe
werden
Welten und Wesen gehalten im
Zaum.
Götter, Dämonen und himmlische
Chöre,
Unholde, Vögel, der Schlangen Heer,
Wenn sich die Furcht vor der Strafe
verlöre,
Alle erfüllten die Pflichten nicht
mehr.«

Manu-Smitri,
Hinduistisches Gesetzbuch,
zwischen 200 v. Chr. und 200 n. Chr.

»Wieso ist es gut, wenn jemand bestraft wird und er sich deshalb an die Gesetze hält?«, fragte Ferdinand.

Das brachte den Vater zum Nachdenken. Aber nach einiger Zeit fiel ihm etwas ein: »Strafbar ist, zum Beispiel einem anderen etwas wegzunehmen.«

»Wahnsinnige Neuigkeit. Und?«

»Wahrscheinlich bist du ziemlich froh darüber, dass es nicht nur verboten ist, dir dein Fahrrad wegzunehmen, sondern dass ein Dieb auch dafür bestraft wird, wenn er es tut.«

»Also, meinetwegen muss kein Dieb in den Knast«, sagte Ferdinand.

»Das glaube ich nicht«, meinte der Vater. »Stell dir vor, es interessiert einen Dieb nicht, dass es verboten ist. Wenn er dann auch noch stärker ist als du, könnte er es sich einfach nehmen und Du nichts dagegen machen. Wenn der Dieb aber weiß, dass ihm seine Stärke nichts hilft, weil die Polizei kommt und ihn einsperrt, dann überlegt zweimal, bevor er es tut.«

»Funktioniert das denn wirklich?«, wollte Ferdinand wissen.

»Das funktioniert ganz gut, denn bisher hat dir niemand dein Fahrrad gestohlen! Oder?«, antwortete der Vater sichtlich zufrieden mit seiner Antwort. Und Ferdinand musste ihm Recht geben. Tatsächlich hatte bis jetzt niemand sein Fahrrad gestohlen, obwohl es ein ziemlich teueres Fahrrad war, um das ihn alle beneideten.

Also war das der Grund, warum man Regeln befolgen soll: damit man nicht bestraft wird. Bei dem gestohlenen Fahrrad und der Polizei leuchtete Ferdinand das ein, aber beim Rasen? Da stimmte doch was nicht. Der Vater hatte etwas vergessen. »Wie ist es denn im August?« Ferdinand konnte sich gut erinnern, dass Herr Wallauschtschek jedes Jahr den ganzen August über im Urlaub war. Sie hatten diese Zeit geliebt, weil man da in der Anlage machen konnte, was man wollte: Fußball spielen im Hof oder eben über den Rasen laufen. Das war gut, weil sie da alle Schulferien hatten und viel zu Hause waren.

Muss man sich auch an Regeln halten, wenn keine Strafe droht?

»Muss ich also in der Zeit das Verbot nicht befolgen, wenn das nur wegen der Strafe gilt?« Das schien Ferdinand doch recht komisch. Eine Regel soll man nur dann befolgen, wenn Herr Wallauschtschek nicht im Urlaub ist, oder krank, oder gerade beim Einkaufen, oder sonst wo. Ob man sich an eine Regel halten muss, hängt plötzlich nicht mehr von der Regel ab, sondern vom Urlaub des Hausmeisters.

»So ein Unsinn«, sagte der Vater nur, »bei der Polizei gilt das auf jeden Fall nicht, die ist immer da.« Ferdinand überzeugte das aber nicht.

Seine Mutter hatte eine andere Erklärung: dass es in Wirklichkeit nämlich doch einen Grund dafür gab, warum man den Rasen nicht betreten darf. Vielleicht steckt ja hinter jeder Regel ein Sinn. Obwohl Ferdinand fast lachen musste über das, was seine Mutter sagte: »Der Rasen geht nämlich kaputt, wenn man darüber läuft. Und dann ist vor dem Haus nur mehr eine hässliche braune Fläche.« Das war schon ein ziemlicher Unsinn: dass das Gras kaputtgeht, nur weil er zu seinem Fahrrad darüber ging. Und was war dann im Stadion? Da spielen ständig die Fußballer drauf – ganz andere Kaliber als Ferdinand. Die gehen auch nicht nur mal eben drüber, sondern laufen ständig rum, spurten, bremsen und ballern, was das Zeug hält. Wie David Beckham, Ferdinands großes Vorbild. Wo der draufdrischt, wächst kein Gras mehr. Und trotzdem war im Stadion ein Super-Rasen. Da konnte sich der vorm Haus verstecken. »Also sieht man mal wieder«, dachte Ferdinand, »dass es doch keinen Grund gibt für das Verbot. Man muss nur die Augen aufmachen, dann sieht man es doch.« Das dachte Ferdinand.

Bis zu dem Tag, an dem Tante Klärchen zu Besuch kam. Eigentlich war es ja gar nicht seine Tante, sondern die seiner Mutter. Aber das machte es nicht besser; nach Ferdinands Einschätzung musste sie mindestens hundert sein und entsprechend anstrengend. Ferdinand war zum Fußballspielen verabredet und wollte gerade los, als seine Mutter sagte: »Wo willst du hin, du weißt doch, dass wir mit Tante Klärchen heute in den Park gehen wollten.«

»Das darf nicht wahr sein«, sagte Ferdinand. Etwas Langweiligeres als Spazierengehen im Park konnte er sich nicht vorstellen. Und noch dazu mit seiner Mutter und ihrer Tante Klärchen, die immer so komische Hüte trug, schlecht hörte und deshalb so laut redete. Wenn ihn seine Freunde da sahen, war er geliefert. Doch es half nichts.

»Du gehst mit, basta!«, sagte die Mutter und duldete keinen Widerspruch.

Im Park gab es einen kleinen Kiosk. Wenn man von dort zum See wollte, musste man einen Umweg machen oder quer über die Grasfläche laufen. Auf der Strecke sah es fast aus, als wäre da ein Weg. Das war aber keiner, sondern nur ein Pfad, auf dem das ganze Gras kaputt war.

»Das ist kaputtgegangen, weil ständig Menschen darauf herumtrampeln«, sagte die Mutter. Ferdinand konnte das nicht glauben. Wenn das stimmte, warum war dann im Fußballstadion dieser tolle Rasen, obwohl doch die Spieler so darauf tobten?

»Das kommt daher«, erklärte Ferdinands Mutter, »weil nur einmal pro Woche darauf gespielt wird. Den Rest der Woche kümmert sich der Platzwart um den Rasen. Da kann er sich erholen.«

Ferdinand überlegte. Würde es dem Rasen vor dem Haus denn wirklich etwas ausmachen, wenn er darüber lief. Das war doch nur ein paar Mal am Tag.

»Ja, aber wenn es nicht mehr verboten ist, darüber zu laufen, dann machen das auch die übrigen Hausbewohner, zum Beispiel wenn sie den Müll zur Tonne tragen, weil sie da auch abkürzen können. Das will man mit einer Mülltüte in der Hand natürlich ganz besonders«, warf die Mutter noch ein.

»So was Doofes«, dachte Ferdinand. Dabei war er sich so sicher gewesen, dass er Recht hatte. Er kannte den Rasen im Stadion. Der war toll, obwohl die Spieler darauf laufen durften. Dass das ganz anders war, wenn man jeden Tag drauftritt, daran hatte er nicht gedacht. Obwohl es nicht so schwierig gewesen wäre. Auf ihrem Bolzplatz, wo die ganze Woche jemand spielte, wuchs tatsächlich fast nichts mehr.

»Siehst du«, meinte die Mutter dann zum Schluss. »Woher

willst du bei einer Regel, die du für unsinnig hältst, wissen, dass du dich nicht täuschst? Vielleicht steckt doch ein Sinn dahinter, den du nur nicht erkennst. Deshalb soll man sich immer an Regeln halten. Wahrscheinlich hat sich der, der die Regeln gemacht hat, schon etwas dabei gedacht.«

Besser als das mit dem Hausmeister und der Strafe fand Ferdinand die Begründung schon. Aber wie war das nun, wenn es sicher keinen Sinn gibt?

»Was war dann mit dem Verkehrsschild vor der Schule?«, fragte er die Mutter.

»Was meinst du damit?«, fragte die.

Deshalb erzählte Ferdinand, was er meinte: Letztes Jahr waren sie in den großen Ferien aus dem Urlaub in Italien zurückgekommen. Die Fahrt hatte sehr lange gedauert, und erst um drei Uhr nachts waren sie daheim. Die ganze Stadt war völlig leer, Ferdinand hatte wirklich auf der ganzen Fahrt durch die Stadt nicht einen Menschen gesehen. Kurz vor ihrem Haus mussten sie durch die Straße fahren, in der Ferdinands Schule liegt. Wegen der vielen Schüler, die dort jeden Tag sind, gilt in der Straße Tempo 30. Gleich ein paar Schilder stehen dort. Ferdinands Vater war aber viel schneller, sogar mehr als 50 gefahren. Ferdinand hatte sich noch gewundert und seinen Vater gefragt. Der war ein bisschen genervt, weil er schon so lange am Steuer gesessen hatte und nach Hause wollte. »Jetzt um diese Zeit und auch noch in den Ferien ist da ganz sicher kein einziger Schüler, da muss man sich nicht an die 30 halten«, hatte der Vater gesagt. Ferdinand hatte sich damals schon gewundert, schließlich waren da ja die Schilder.

»An die muss man sich doch halten. Auch wenn man meint, dass die Schilder zu diesem Zeitpunkt keinen Sinn haben«, sagte er zur Mutter

»Das ist doch etwas anderes«, sagte die. »Da war es doch ganz klar, deshalb musste sich dein Vater da nicht dran halten.«

Das fand Ferdinand jetzt unlogisch: »Aber du hast doch gesagt, es ist immer wichtig, Regeln zu beachten, weil man nie sicher wissen kann, wofür sie gut sind. Dann hätte sich Vater bei der Heimfahrt aus Italien auch an die Vorschrift mit den 30 Stundenkilometern halten müssen.«

»Frag deinen Vater!«, meinte die Mutter.

Das tat Ferdinand dann auch. Der war um eine Antwort nicht verlegen: »Ausnahmen bestätigen eben die Regel!«, sagte er. »Ganz einfach.«

Das überzeugte Ferdinand nun gar nicht. War es nun wichtig, sich an Regeln zu halten oder nicht? Er beschloss, zu Onkel Gottfried zu gehen.

Muss man sich auch dann an Regeln halten, wenn keine Strafe droht und man gar keinen Sinn hinter der Regel sieht?

Also ging Ferdinand los – um den Rasen herum – zu seinem Fahrrad und fuhr zu Onkel Gottfried.

»Komm rein, Ferdinand, das ist ja nett«, sagte der Onkel, als er Ferdinand die Tür öffnete. »Ich geb dir nicht die Hand, sie ist ganz schmutzig, ich mache gerade eine Uhr sauber, die ich gestern auf dem Flohmarkt gekauft habe.« Ferdinand staunte, als er sie sah. So eine Uhr hatte er einmal auf dem Postamt gesehen, aber noch nie in einer Wohnung. Sie war groß und zeigte neben der Uhrzeit auch das Datum, den Monat und den Wochentag.

»Was willst du mit dieser Uhr?«, fragte Ferdinand deshalb den Onkel.

»Die hat mir gefallen. Ich weiß nur noch nicht, wo ich sie hinhängen soll. Aber deshalb bist du doch bestimmt nicht ge-

> *»Es ist besser, es geschehe dir Unrecht, als die Welt sei ohne Gesetz. Deshalb füge sich jeder dem Gesetz.«*
> Johann Wolfgang von Goethe,
> 1749–1832, Deutscher Dichter

kommen«, antwortete der Onkel. »Willst du eigentlich etwas trinken? Ich habe nichts wie Red Bull und weiß auch nicht, ob ich noch 'ne Cola finde, aber Holunderlimonade ist sicher da.« Der Onkel hatte immer so komische Sachen zu trinken, die es zu Hause nie gab. Aber eigentlich schmeckten sie Ferdinand immer. Vielleicht aber auch nur, weil sie von Onkel Gottfried kamen. Nachdem Ferdinand ein Glas davon hatte, meinte der Onkel: »Schieß mal los, ich mach inzwischen weiter.«

Anton hatte Ferdinand wie üblich stürmisch begrüßt, widmete sich jetzt aber wieder dem Kauknochen auf seiner Decke. Und Ferdinand erzählte die ganze Geschichte. Von Anfang an, mit dem Hausmeister und dem Vater und der Mutter. Zwischendurch musste der Onkel einmal herzlich lachen bei der Sache mit der Geschwindigkeitsbegrenzung. Und schmunzelnd schüttelte er den Kopf, als Ferdinand das von »Ausnahmen bestätigen die Regel« erzählte. Als Ferdinand fertig war, sah ihn der Onkel eine Zeit lang an und fragte: »Jetzt willst du also wissen, ob es einen allgemeinen Grund gibt, warum man Regeln befolgen soll oder nicht? Womöglich sogar dann, wenn sie tatsächlich unsinnig sind.«

Ferdinand nickte und nahm einen Schluck von der Holunderlimonade. Schmeckte schon ein bisschen komisch, aber gar nicht so schlecht.

»Du erstaunst mich immer wieder«, murmelte der Onkel. »So was hervorzubringen hätte ich meinem Schwager gar nicht zugetraut.« Das verstand Ferdinand jetzt nicht, aber das kam bei Onkel Gottfried öfter vor, und wenn er jetzt fragen würde, was es bedeutet, würde der nur schnell sagen »Ach nichts«. Das war immer so, wenn er etwas über Ferdinands

Vater sagte. Der Onkel ging in die Küche, wusch sich die Hände und trocknete sie ab. Anton hob seinen Kopf und schaute dem Onkel nach. Als er sah, dass der nicht weit weg ging, widmete er sich wieder dem Kauknochen. Der Onkel ging zu seiner Bücherwand, suchte eine Zeit lang und nahm ein Buch heraus.

»Vielleicht könnte dir die Geschichte von Sokrates weiterhelfen«, sagte er schließlich. »Weißt du wer Sokrates war?«

Ferdinand schüttelte den Kopf.

»Sokrates war ein berühmter Philosoph im alten Griechenland. Philosophen sind Menschen, die immer alles wissen wollen und dabei den Dingen auf den Grund gehen. So wie du jetzt zum Beispiel.« Ferdinand war sich nicht sicher, was er davon halten sollte, entschied sich aber dafür, dass es ihm gefiel.

»Sokrates lebte vor – lass mich kurz nachdenken – über 2400 Jahren. Das besondere an ihm ist, dass er nichts aufgeschrieben hat.«

»Und woher wissen wir dann heute, was er gesagt hat?«, fragte Ferdinand.

»Weil zwei seiner Schüler, Xenophon und Platon, sehr viel über ihn geschrieben haben. Vor allem Platon, selbst ein großer Philosoph, hat so genannte Dialoge aufgeschrieben, Gespräche, die Sokrates mit verschiedenen Leuten geführt hat. Darin hat Sokrates – und dafür ist er berühmt – den Menschen nachgewiesen, wenn sie falsch dachten, und ihnen so die Wahrheit aufgezeigt. Ein bisschen so wie du mit deinen Eltern.«

Auch jetzt war sich Ferdinand nicht so ganz sicher, was er von dem Vergleich halten sollte.

Doch der Onkel fuhr fort: »Diese Gespräche heißen immer so wie derjenige, mit dem Sokrates sie jeweils geführt hat. ›Kriton‹ ist der Dialog, in dem es um unser Problem geht. Folgendes war passiert: Wie du dir vorstellen kannst, war es vielen Menschen nicht angenehm, immer vorgeführt zu bekommen, dass sie falsch dachten.«

»Na klar«, sagte Ferdinand, »das würde dir doch auch nicht gefallen.«

»Äh … da hast du natürlich Recht«, sagte der Onkel. »Aber für Sokrates war das verhängnisvoll. Weil die Leute darüber hinaus seinen Einfluss auf die Jugendlichen fürchteten. Denen hat er nämlich beigebracht, auch alles in Frage zu stellen. Das war den Mächtigen seiner Zeit zu gefährlich. Deshalb brachten sie ihn vor Gericht mit dem Vorwurf, nicht die vom Staat eingeführten Götter zu verehren, sondern neue eingeführt und damit die Jugend verdorben zu haben.«

»Na, das ist ja kein so schlimmes Verbrechen«, sagte Ferdinand.

»Für heute klingt das ziemlich komisch«, sagte der Onkel, »aber damals reichte das aus, um jemanden zum Tode zu verurteilen.«

»Oh!«, sagte Ferdinand. »Und dann?«

»Weil Sokrates auch vor Gericht die Richter mit seiner Methode provozierte, wurde er auch tatsächlich zum Tode verurteilt. Sokrates saß also, ohne wirklich etwas Böses getan zu haben, im Gefängnis und wartete darauf, hingerichtet zu werden. Da besuchte ihn sein Freund Kriton und wollte ihn zur Flucht überreden. Alles war schon vorbereitet, ein Fluchtplan geschmiedet, die Wachen bestochen, ein Fluchtweg ausgekundschaftet. Nur Sokrates wollte nicht.«

»Wieso denn das?«, fragte Ferdinand.

»Sokrates wollte erst mitgehen, wenn es Kriton gelänge, ihn davon zu überzeugen, dass die Flucht moralisch vertretbar ist. Weil das Todesurteil in einem ordentlichen Gerichtsverfahren gefällt worden war, meinte Sokrates, verstößt eine Flucht gegen die Rechtsordnung, und damit die Regeln des Staates. Mit anderen Worten sagt Sokrates also, er will erst dann fliehen, wenn Kriton ihn davon überzeugen kann, dass man sich an diese Regeln nicht zu halten braucht. Das ist es doch genau, um was es dir geht, oder?«

Ferdinand nickte.

»Es gelang Kriton nicht, weil Sokrates es eben für wichtig hält, sich an die Gesetze und Regeln zu halten. Ungehorsam gegenüber einzelnen Gesetzen, meint Sokrates, führt dazu, dass irgendwann alle Gesetze missachtet werden, die ganze Rechtsordnung und damit der Staat zerstört wird. Die Folge wäre ein totales Chaos, das keiner will, weil der Staat uns ja auch alle beschützt. Das ist so wie bei dem Beispiel deines Vaters mit dem Fahrraddieb und der Polizei. Nur geht es nicht darum, ob man erwischt wird, sondern darum, ob man allgemein will, dass die Gesetze gelten.«

> »Setze den Fall, Kriton, wir wären im Begriff von hier davonzulaufen oder wie man die Sache sonst benennen soll, und die Gesetze und das Gemeinwesen stellen sich uns in den Weg und fragten: Sage mir, Sokrates, was lässt du dir einfallen zu tun? Gehst du nicht geradezu darauf aus, durch dieses dein Beginnen uns die Gesetze sowie das ganze Gemeinwesen zugrunde zu richten, soweit es auf dich ankommt? Oder glaubst du, an die Möglichkeit, dass ein Staat noch Bestand habe und vor dem Untergang bewahrt sei, in welchem die einmal gefällten gerichtlichen Urteile keine Kraft haben, sondern von Unberufenen wirkungslos gemacht und vernichtet werden?«
>
> Platon, 427–348 v. Chr.,
> Griechischer Philosoph

Ferdinand begann zu verstehen. »Meinte Sokrates, wenn ich mich nicht an die Regeln und Gesetze halten muss, dann müssen andere das auch nicht tun?«

»Ja genau«, sagte der Onkel. »Was willst du denn dem Dieb sagen, der dir dein Fahrrad wegnehmen will, auch wenn gerade keine Polizei da ist?«

»Finger weg! Das ist mein Fahrrad, das darfst du nicht einfach wegnehmen!«, antwortete Ferdinand und überlegte weiter.

»Und wenn man die Regeln nicht einhält, könnte der Dieb antworten: ›Ja, aber daran muss ich mich nicht halten, weil sich sonst auch niemand an Regeln hält.‹ Und dann könnte ich nichts mehr entgegnen. Weil ich mich eben auch nicht an die Regeln halte.«

»Bravo«, rief der Onkel, »du hast Sokrates verstanden.«

»Aber eins hab ich immer noch nicht kapiert«, sagte Ferdinand. »Da ist doch ein Unterschied, ob sich der berühmte Sokrates über Gesetze hinwegsetzt, oder ob ich mal über den Rasen laufe. Bei mir interessiert sich doch niemand dafür.«

Der Onkel stutzte: »In der Praxis hast du da natürlich Recht. Aber das Prinzip ist das gleiche.«

»Hmmm …«, sagte Ferdinand. »Wie ist das eigentlich ausgegangen mit Sokrates?«

»Sokrates hat das Urteil akzeptiert und ist gestorben. Er hat sogar selbst mitgewirkt, weil er Gift, den so genannten Schierlingsbecher, getrunken hat.«

»Echt?«, sagte Ferdinand. »Und das nur aus Prinzip? Also ich weiß nicht, ob es dann nicht manchmal besser ist, sich statt nach einem Prinzip nach dem wirklichen Leben zu richten.«

Wahre Helden

Oder

Gibt es etwas, das über den Gesetzen steht?

Da bin ich ganz anderer Ansicht. Ich nehme einem Wilden den Skalp, wie ich einem erlegten Wolf die Ohren abschneide oder einem Bären die Haut abziehe. Mein Lieber, ich weiß, dass ich Recht habe, sonst würde auch nicht die Kolonie einen Preis für jeden Indianerskalp zahlen.«

»Ja, eine Schande ist das! Es ist gegen jedes rechtliche Denken! Ich leugne nicht, dass es unter den Indianern schlechte Menschen gibt, genauso wie unter uns Weißen. Von den Mingos habe ich nichts Gutes gehört, aber jetzt, da der Krieg ausgebrochen ist, ist es umso mehr unsere Pflicht, leidenschaftslos und ohne Hass die Dinge zu betrachten. Sonst werden wir Taten vollbringen, derer sich unsere Nachfahren schämen werden. Und dieses Kopfgeld für jeden indianischen Skalp ist schandbar.«

»Du redest zu viel von Recht und Pflicht, Wildtöter. Nimm deinen Verstand zusammen und sag mir, ob es möglich ist, dass unsere Kolonie ein ungesetzliches Gesetz herausbrächte? Ein Gesetz kann doch nie ungesetzlich sein, wie die Wahrheit niemals Lüge ist! Und laut Gesetz steht ein Preis auf jeden Indianerskalp!«

»Auch ein Gesetzgeber kann irren, Harry. Und wenn es in unseren Kolonien ein Gesetz gibt, das gegen jedes menschliche Empfinden ist, so bin ich verpflichtet, dagegen aufzutreten. Ein weißer Mann soll die Gesetze der Weißen achten, aber nur so lange, als er nicht gegen ein höheres Gesetz verstößt. Das gleiche Recht aber müssen wir auch den Roten zugestehen – sie halten sich an ihre Gesetze. Doch jetzt haben wir genug geredet. Wir wollen uns lieber nach deinem Freund umsehen, der sich bestimmt in den Büschen am Ufer versteckt hat.«

James Fenimore Cooper, *Lederstrumpf*

Onkel Gottfried stand auf der Leiter. »Das ist nett von dir, dass du mir hilfst. Alleine hätte ich das nicht geschafft«, sagte er und schraubte einen Haken in die Decke. Ferdinand hielt die Leiter. Am Boden lag eine Lampe, die der Onkel aufhängen wollte.

»Das ist die abgefahrenste Lampe, die ich je gesehen habe«, sagte er, als er sie genauer musterte. Die Lampe war größer als sie beide. Wenn sie an der Decke hing, ging sie fast bis zum Boden. Von einem chromglänzenden Stab standen 14 riesige Glühbirnen in verschiedene Richtungen ab. Das Ding war gar nicht so schwer, aber ziemlich unhandlich, wohl deshalb hatte Onkel Gottfried Ferdinand gebeten, ihm beim Aufhängen zu helfen.

Ferdinand blickte sich um. »Du solltest Anton beibringen, dir zu helfen«, sagte er schließlich. Der Hund war dauernd zwischen ihnen herumgelaufen, bis Onkel Gottfried ihn schließlich auf seinen Platz geschickt hatte. Dort saß er jetzt, schaute neugierig und war sichtlich traurig, dass er bei dem lustigen Spiel, das die beiden Menschen da offensichtlich veranstalteten, nicht mitmachen durfte.

»Stört es dich, dass du kommen musstest?«, fragte der Onkel.

»Nee, nee, gar nicht!«, beeilte sich Ferdinand zu sagen und das war nicht gelogen. Er machte das nicht ungern. Neue Sachen bei Onkel Gottfried waren immer interessant. Außerdem kam es Ferdinand recht gelegen. Er hatte sowieso eine Frage an Onkel Gottfried. »Du hast mir doch letzte Woche das mit den Regeln und Gesetzen erklärt.«

»Ja, und was ist damit?«, antwortete der Onkel.

»Wir nehmen in Deutsch grade so ein uraltes Stück durch. Das passt zu Herrn Kärrner, unserem Deutschlehrer, der ist wahrscheinlich genauso alt und liebt diese alten langweiligen Sachen. Und ständig redet er, wie dumm doch die Schüler heutzutage sind und wie wunderbar diese alten Stücke doch sind. Dann müssen wir das Stück mit verteilten Rollen lesen, und er regt sich auf, dass wir nicht so leiern sollen. Auf jeden Fall ist das alles zum Einschlafen. Das hat er wohl gesehen, dass ich da fast eingepennt bin, und hat mich deshalb gefragt, was ich von dem Ganzen halte.«

»Was lest ihr denn?«

»Das ist so ein Stück, das spielt bei den alten Griechen. Da wird jemand im Kampf getötet und der König, den er bekämpft hat, verbietet, dass man ihn begräbt. Seiner Schwester passt das gar nicht, dass er da von den Vögeln aufgefressen wird, und außerdem meint sie, dass das wohl auch gegen die Götter ist. Deshalb begräbt sie ihn trotzdem. Der König ist stinksauer, und die Schwester soll hingerichtet werden, weil sie sich über seinen Befehl hinweggesetzt hat.«

»Kreon: *Du aber sag mir – ohne Umschweif, kurz:/Hast du gewusst, dass es verboten war?*
Antigone: *Ich wusst es, allerdings. Es war doch klar!*
Kreon: *Und wagtest, mein Gesetz zu übertreten?*
Antigone: *Der das verkündete war ja nicht Zeus/Auch Dike in der Totengötter Rat,/Gab solch Gesetz den Menschen nie. So groß/Schien dein Befehl mir nicht, der sterbliche,/Dass er die ungeschriebnen Gottgebote,/die wandellosen, konnte übertreffen./Sie stammen nicht von heute oder gestern,/Sie leben immer, keiner weiß, seit wann./An ihnen wollt ich nicht, weil Menschenstolz/Mich schreckte, schuldig werden vor den Göttern.«*
Sophokles, 497–406 v. Chr., Griechischer Dichter

»Ach, du meinst ›Antigone‹«, sagte der Onkel von der Leiter herunter.

»Hey, das kennst du?« Ferdinand war überrascht.

»Natürlich, das ist ziemlich bekannt«, antwortete der Onkel.

»Aber was war dann?«

»Na, der Kärrner wollte wissen, was ich davon halte. Ob ich es denn richtig finde, dass die Schwester da einfach ihren Bruder begraben und sich nicht an die Order des Königs gehalten hat.«

»Und?«

»Na, da hab ich ihm halt die Geschichte erzählt, die du mir letzte Woche erzählt hast. Du weißt schon, von Sokrates und seinem Freund Kriton und von den Gesetzen, die sich ihm in den Weg stellen. Und der Kärrner ist halb ausgeflippt. Erst hat er mich mit großen Augen angeschaut. Dann wollte er wissen, woher ich das weiß. Da hab ich ihm gesagt, dass ich mich da eben vor einiger Zeit darüber unterhalten habe. Daraufhin hat er noch komischer geschaut und immer wieder »Pisa hat Unrecht! Pisa hat Unrecht!« vor sich hin gemurmelt.«

Onkel Gottfried hatte den Haken fertig eingeschraubt. Er grinste. Die Geschichte gefiel ihm. »Ja, und was ist jetzt das Problem?«, fragte er.

»Ich hab dann noch darüber nachgedacht und mir überlegt, dass die Schwester vielleicht doch Recht hatte und Sokrates Unrecht. Es kann doch nicht sein, dass man jedem Gesetz immer folgen muss. Noch dazu, wenn es von so einem unsympathischen König einfach so befohlen wird.«

Muss man sich denn an jedes Gesetz halten,
egal, ob es gut oder schlecht ist?
Gibt es da keine Grenze?

»Und, was meinst du?«, fragte der Onkel. »Hatte Antigone Recht?«

»Ich finde schon«, sagte Ferdinand.

»Ich finde das auch«, sagte der Onkel. »Aber kannst Du mir jetzt mal die Lampe raufreichen?«

»Wie?« Ferdinand hielt die Lampe hoch. »Du hast mir doch

neulich erst die Geschichte mit Sokrates erzählt, um mir zu erklären, dass man sich eben an die Gesetze halten muss, weil sonst der ganze Staat zusammenkracht.« Ferdinand war empört.

»Ja, das stimmt auch«, sagte der Onkel. »Halt mal ein bisschen höher! So, die Lampe hängt. Danke. Aber da gingen wir von der Frage aus, ob man über den Rasen laufen darf oder so etwas. Und hier geht es darum, ob jemand gegen das eigene Gewissen handeln muss und ob man einem Menschen seine Würde nehmen darf, auch wenn er schon tot ist. Das ist schon etwas anderes.«

»Das ist ja mal wieder super!«, meinte Ferdinand. »So moralische Regeln wie die, dass man sich an Gesetze halten soll, gelten also mal und mal gelten sie nicht, je nachdem, wie es praktisch ist?«

»Entschuldige, ich dachte, es geht dir um das tägliche Leben. Da soll man sich auch an Regeln halten«, sagte der Onkel und stieg von der Leiter. »Ich wusste ja nicht, dass du das gleich auf alle Abgründe des Menschen anwenden willst. Zum Glück bin ich jetzt auf der Leiter fertig, das ist kein Thema, das man in drei Meter Höhe diskutiert. Aber du hast ganz Recht: es ist immer gut, über alles ein zweites Mal nachzudenken und alles noch einmal zu hinterfragen. Ich sehe schon, ich muss in Zukunft besser aufpassen.«

»Also stimmt das jetzt oder stimmt es nicht?«

»Was?«

»Na, dass man nicht jedem Gesetz und jedem Befehl folgen muss.«

»Da hast du Recht, es gibt eine Grenze«, sagte der Onkel und setzte sich auf einen Stuhl.

»Na toll! Und wo ist die dann?«, wollte Ferdinand wissen und setzte sich ebenfalls.

»Ja, wo die genau verläuft, das ist eine schwierige Sache. Ich habe doch vorhin von den Abgründen des Menschen gesprochen. Das war nicht zufällig. Diese Abgründe haben sich vor gar nicht allzu langer Zeit aufgetan, in der Zeit des Nationalsozialismus. Du hast über die ganzen Gräuel in der Schule sicher genug gehört, das muss ich dir jetzt nicht im Einzelnen erzählen.«

»Ja, sicher, das haben wir ziemlich ausführlich durchgenommen.«

»Eben«, fuhr der Onkel fort. »Und dann hast Du vielleicht auch schon etwas über die ›Weiße Rose‹ gehört.«

»Nee.«

»Die Weiße Rose war ein Kreis von Studenten und einem Professor an der Uni München. Die waren entsetzt über all das Furchtbare, das da passierte, und wollten etwas dagegen unternehmen. Am sinnvollsten erschien ihnen, andere aufzurütteln und zum Widerstand aufzurufen. Deshalb schrieben sie Flugblätter und verteilten sie. Unter anderem warfen sie sie aus dem zweiten Stock in die Eingangshalle, den so genannten Lichthof der Universität. Die das getan hatten, die Geschwister Scholl, wurden aber dabei festgenommen, die ganze Gruppe zum Tode verurteilt und sofort hingerichtet. Mir wird heute noch ganz mulmig, wenn ich durch den Lichthof gehe und daran denke. Es kann überhaupt kein Zweifel bestehen, dass das Helden waren, obwohl sie damals mit ihrem Aufruf zum Widerstand gegen Gesetze verstoßen hatten. Nur waren das Gesetze, die so falsch und ungerecht waren, dass jeder Mensch das moralische Recht hatte, gegen sie zu verstoßen.«

»Was waren das für Gesetze?«

»Ja, zum Beispiel solche, die Menschen diskriminierten oder ins KZ brachten, nur weil sie jüdischen Glaubens waren, oder Gesetze, die die Meinungsfreiheit unterdrückten oder die es erlaubten, Andersdenkende zu verfolgen oder sogar Menschen grausam zu töten, weil sie nicht in das Weltbild des Systems passten. Zum Teil waren es gar keine richtigen Gesetze, sondern nur Anordnungen des Führers. Das Ganze war ein einziges Unrechtssystem mit wenigen, die sich dem widersetzten. Eben zum Beispiel die Geschwister Scholl, ihre Freunde und ihr Professor, Kurt Huber. Sie waren der Meinung, dass es wichtigere Prinzipien gibt, nach denen sie sich richten mussten.

Die Sache mit der Geltung der Gesetze«, fuhr der Onkel fort, »war nach dieser Zeit des Grauens, das vom Staat kam, schwierig geworden. Wenn man so will, sieht man die Geschichte von Sokrates jetzt kritischer. Sokrates ging es ja vor allem um Rechtssicherheit. Man sollte sich auf das Recht verlassen dürfen, und er hielt die Gesetze, die sich ihm in den Weg stellten, für wichtig, weil eben der Staat mit ihnen dem Einzelnen auch Sicherheit bietet. Nun hatte man erlebt, dass der Staat mit Hilfe der Gesetze auch Unrecht tun kann und das eben in ungeahntem Ausmaß. Deshalb hat man nach einer Regel gesucht, wann man dem Gesetz folgen muss und wann nicht.«

»*Rückkehr zu klaren, sittlichen Grundsätzen, zum Rechtsstaat, zu gegenseitigem Vertrauen von Mensch zu Mensch, das ist nicht illegal, sondern umgekehrt die Wiederherstellung der Legalität. Ich habe mich im Sinne von Kants kategorischem Imperativ gefragt, was geschähe, wenn diese subjektive Maxime meines Handelns ein allgemeines Gesetz würde. Darauf kann es nur eine Antwort geben: Dann würden Ordnung, Sicherheit, Vertrauen in unser Staatswesen, in unser politisches Leben zurückkehren. …*

Es gibt für jede äußere Legalität eine letzte Grenze, wo sie unwahrhaftig und unsittlich wird. Dann nämlich, wenn sie zum Deckmantel einer Feigheit wird, die sich nicht getraut, gegen offenkundige Rechtsverletzungen aufzutreten.«

Aus den Notizen für das Schlusswort des Angeklagten Prof. Kurt Huber, hingerichtet am 13. 7. 1943

> *»Der Konflikt zwischen der Gerechtigkeit und der Rechtssicherheit dürfte dahin zu lösen sein, dass das positive, durch Satzung und Macht gesicherte Recht auch dann den Vorrang hat, wenn es inhaltlich ungerecht und unzweckmäßig ist, es sei denn, daß der Widerspruch des positiven Gesetzes zur Gerechtigkeit ein so unerträgliches Maß erreicht, dass das Gesetz als ›unrichtiges Recht‹ der Gerechtigkeit zu weichen hat. Es ist unmöglich, eine schärfere Linie zu ziehen ...«*
>
> Gustav Radbruch, 1878–1949,
> Deutscher Rechtsphilosoph

»Das ist ja interessant.«

»So eine Regel hat dann der Rechtsphilosoph Gustav Radbruch kurz nach dem Krieg mit seiner berühmten Radbruch'schen Formel aufgestellt.«

»Und wie lautet die?«, fragte Ferdinand.

»Radbruch meinte, dass Gesetze auch dann gelten, wenn sie ungerecht oder unsinnig sind, solange es nicht unerträglich ist, wenn sie gelten. Und das war eben bei den Gesetzen in der NS-Zeit, die ich dir genannt habe, der Fall.«

»Komisch finde ich das schon, dass ungerechte Gesetze trotzdem gelten sollen«, sagte Ferdinand. »Und ›unerträglich‹ ist ja auch so 'ne Sache. Wann ist was unerträglich? Ich finde unseren Deutschlehrer, Herrn Kärrner, auch ›unerträglich‹, aber benoten tut er mich trotzdem. Und er hat anscheinend auch das Recht dazu.«

*Gibt es Regeln, die immer gelten?
Die man immer beachten muss
und auf die man nicht verzichten kann?*

Ferdinand überlegte noch ein bisschen und dann sagte er: »Ist das denn mit allen Regeln so, dass die nicht immer gelten? Es muss doch irgendwas geben, was immer gilt, woran man die anderen überprüfen kann.«

»Ja, so etwas gibt es schon«, sagte der Onkel.

»Und woran erkenne ich dann die Sachen, die immer gelten? Wenn es andere gibt, die nicht immer gelten«, fragte Ferdinand.

»Da gibt es ein anderes Stück, das auch immer in der Schule gelesen wird. ›Der Besuch der alten Dame‹ von Dürrenmatt. Kennst du das?«

»Oh Mann, kommt jetzt wieder so was zum Einschlafen? Das ist ja fast so wie bei Kärrner.«

»Danke! Das ist ja wirklich freundlich: mich mit deinem uralten Deutschlehrer vergleichen.«

»Nein, nein, so hab ich das nicht gemeint. Außerdem, bei Kärrner haben wir den ›Besuch der alten Dame‹ nicht gelesen. Vielleicht ist

> »Folgende Wahrheiten erachten wir als selbstverständlich: dass alle Menschen gleich geschaffen sind; dass sie von ihrem Schöpfer mit gewissen unveräußerlichen Rechten ausgestattet sind; dass dazu Leben, Freiheit und das Streben nach Glück gehören;«
>
> Unabhängigkeitserklärung der Vereinigten Staaten, 4. Juli 1776

das nicht alt genug. Und der Besuch dort ist wahrscheinlich nicht halb so schlimm, wie wenn Tante Klärchen kommt.«

»Oh Gott, Tante Klärchen ist wirklich eine Zumutung, das war sie schon, als ich noch klein war«, sagte der Onkel. »Aber die im Stück von Dürrenmatt ist noch schlimmer. Mal sehen, ob ich es noch zusammenkriege. Die alte Dame heißt übrigens auch so: ›Claire‹, das fällt mir heute zum ersten Mal auf.«

»Also, was ist da los?«

»Da kommt die alte Dame Claire in ihre Heimatstadt zurück, die sie vor vielen Jahren verlassen musste, weil sie ein uneheliches Kind bekommen hat.«

»Deswegen muss man doch nicht weg«, sagte Ferdinand.

»Damals schon, da war das noch eine Schande. Auf jeden Fall ist sie in Amerika furchtbar reich geworden und in ihrer Heimatstadt herrscht Armut. Und nun bietet sie der Stadt und den Bewohnern eine Milliarde, wenn sie den töten, der sie damals sitzen gelassen hat.«

»Wie sitzen gelassen?«

»Ill heißt er in dem Stück. Der wollte die Claire, als sie das Kind von ihm bekam, nicht heiraten. Er hat sogar geleugnet, dass es überhaupt sein Kind war, und Zeugen bestochen, dass sie falsch aussagen. Und damals konnte man noch nicht so einfach nachweisen, wer der Vater ist.«

»Und was haben die Leute in der Stadt dann gemacht«, fragte Ferdinand.

»Was meinst du?«

»Keine Ahnung«, sagte Ferdinand.

»Zuerst haben sie das empört zurückgewiesen, weil es gegen die ›Menschlichkeit‹ verstößt, aber dann sind sie schwach geworden, haben sich darauf hinausgeredet, dass der Ill ja doch damals etwas Schlechtes getan hat, und schließlich haben sie ihn gemeinschaftlich getötet.«

»Einfach umgebracht? Ganz schöner Hammer!«

»Das findest du also schlecht?«, fragte der Onkel. »Und warum findest du das?«

»Na, weil man halt niemanden umbringen darf, auch wenn man noch so viel Geld dafür bekommt.«

»Aber wenn du dich an den Utilitarismus erinnerst, den ich dir erklärt habe«, sagte der Onkel. »Da könnte man das anders sehen.«

»Meinst du, weil der ganze Ort was davon hatte?«, fragte Ferdinand.

»Ja, da sind so viele reich und glücklich geworden, dass es in der Summe gut war«, sagte der Onkel.

»Das geht aber trotzdem nicht«, protestierte Ferdinand, »dann stimmt eben die Theorie nicht.«

»Das ist tatsächlich auch der Grund, warum viele Philosophen gegen den Utilitarismus sind, obwohl der doch so gut klingt: das größte Glück für möglichst viele Menschen. Aber zurück zum ›Besuch der alten Dame‹. Da siehst du also eine Grenze, die man nie überschreiten darf. Und du spürst, dass da etwas verletzt worden ist, was man nie verletzen darf, ohne dass du genau sagen kannst, warum.«

> Artikel 1: *Alle Menschen sind von Natur gleichermaßen frei und unabhängig und besitzen gewisse angeborene Rechte, deren sie ihre Nachkommenschaft bei der Begründung einer politischen Gemeinschaft in keiner Weise berauben oder zwingen können; nämlich das Recht auf Leben und Freiheit und dazu die Möglichkeit, Eigentum zu erwerben und zu erlangen.*
> Amerikanische *Bill of Rights*,
> 12. Juni 1776

»Aber das spürt doch jeder so«, meinte Ferdinand.

»Du hast völlig Recht«, sagte der Onkel. »Wenn man nachdenkt, kommt man darauf, dass es Grundrechte gibt, die man nicht verletzen darf. Und weil alle Menschen diese Rechte haben, nennt man sie auch Menschenrechte. Zum ersten Mal wurden diese Rechte bei der Gründung der Vereinigten Staaten von Amerika in einem Gesetz aufgeschrieben: Leben, Freiheit, Eigentum und dazu dann noch das Streben nach Glück.«

»Das finde ich toll, da hat man wirklich ins Gesetz geschrieben, dass man glücklich werden darf?«, fragte Ferdinand.

»Zumindest, dass man es versuchen darf. Weil, ob man es wird, weiß niemand.

Aber«, fuhr der Onkel fort, »inzwischen ist man drauf gekommen, dass es noch etwas gibt, was genauso wichtig ist oder vielleicht noch höher steht. Das ist die Würde eines Menschen.«

»Und was soll das genau sein, die Würde?«, fragte Ferdinand.

> *Die Würde des Menschen ist unantastbar. Sie zu achten und zu schützen ist Verpflichtung aller staatlichen Gewalt.*
>
> *Das Deutsche Volk bekennt sich darum zu unverletzlichen und unveräußerlichen Menschenrechten als Grundlage jeder menschlichen Gemeinschaft, des Friedens und der Gerechtigkeit in der Welt.*
>
> *Die nachfolgenden Grundrechte binden Gesetzgebung, vollziehende Gewalt und Rechtsprechung als unmittelbar geltendes Recht.*
>
> Artikel 1 des Grundgesetzes
> der Bundesrepublik Deutschland
> vom 23. 5. 1949

»Darüber ist natürlich viel geschrieben worden«, sagte der Onkel. »Ob die nun von Gott abgeleitet ist oder nicht. Aber der wichtigste Punkt ist, dass die Würde eines Menschen bedeutet, dass er einfach, weil er da ist, etwas wert ist und nicht beliebig ersetzt werden kann. Man darf ihn nicht einfach benutzen, wie man einen Gegenstand benutzt, sondern man muss einen Menschen eben achten. Das ist das Grundprinzip.«

»Das haben aber doch die Leute bei der alten Dame gemacht«, meinte Ferdinand. »Die haben einen umgebracht, weil sie an das Geld kommen wollten. Der Typ war ihnen egal, die haben ihn nur benutzt.«

»Ja, richtig. Wenn die nachgedacht hätten, dann hätten sie erkennen müssen, dass sie das nicht tun durften. Egal, wie viele Vorteil es ihnen bringt.«

»Und wenn diese Grundrechte und Menschenrechte so wichtig sind, warum macht man dann nicht ein Weltgesetz, in dem steht, dass die ganze

> *»Handle so, dass du die Menschheit, sowohl in deiner Person als auch in der Person eines jeden andern, jederzeit zugleich als Zweck, niemals bloß als Mittel brauchest.«*
> Immanuel Kant, 1724–1804,
> Deutscher Philosoph

Welt diese Menschenrechte beachten muss?«, fragte Ferdinand.

»Ja, eigentlich gibt es dieses Gesetz schon«, sagte der Onkel. »Nach dem Zweiten Weltkrieg, als man die ganzen Grausamkeiten gesehen hatte, hat man bei den Vereinten Nationen, der UNO in New York, in einer Erklärung der Menschenrechte das alles aufgeschrieben. Nur leider halten sich nicht alle daran.«

»Das finde ich schlecht. Warum halten sich da nicht alle dran?«, fragte Ferdinand. »Dann wären doch alle Probleme gelöst.«

»Na ja, sagen wir mal fast alle«, meinte der Onkel. »Es ist jetzt vielleicht spitzfindig, aber ein paar Probleme bleiben schon noch.«

»Wann denn?«

»Na, zum Beispiel, wenn verschiedene Grundrechte aufeinander prallen und sich nicht gleichzeitig verwirklichen lassen«, antwortete der Onkel.

»Aber so Situationen kön-

Da die Anerkennung der allen Mitgliedern der Menschlichen Familie innewohnenden Würde und ihrer gleichen unveräußerlichen Rechte die Grundlage der Freiheit, der Gerechtigkeit und des Friedens in der Welt bildet,

da Verkennung und Missachtung der Menschenrechte zu Akten der Barbarei führen, die das Gewissen der Menschheit tief verletzt haben, und da die Schaffung einer Welt, in der Menschen frei von Furcht und Not Rede- und Glaubensfreiheit zuteil wird, als das höchste Bestreben der Menschheit verkündet worden ist,

da es wesentlich ist, die Menschenrechte durch die Herrschaft des Rechts zu schützen, damit der Mensch nicht zum Aufstand gegen Tyrannei und Unterdrückung als letztem Mittel gezwungen wird, ...

verkündet die Generalversammlung die vorliegende allgemeine Erklärung der Menschenrechte als das von allen Völkern und Nationen zu erreichende gemeinsame Ideal ...

Präambel der Erklärung
der Menschenrechte
durch die Vereinten Nationen
vom 10. Dezember 1948

nen schon viel früher entstehen«, fuhr der Onkel fort. »Stell dir nur mal vor, du bist mit einem Freund auf einer Bergtour. Ihr beide habt Hunger, aber nur du hast ein Brot dabei. Wenn du es isst, bleibt dein Freund hungrig, wenn du es ihm gibst, bleibst du hungrig.«

»Na, dann teilen wir es halt«, warf Ferdinand ein.

Gibt es Situationen, in denen man nicht wissen kann, was richtig ist?

»Ja gut, in dem Fall geht das. Aber dann stell dir vor, ihr habt Durst und es gibt nur noch eine Flasche Cola.«

»Dann trinken wir die eben gemeinsam.«

»Na gut, sei's drum«, sagte der Onkel, »dann halt etwas anderes. Ihr wollt beide ins Kino gehen, aber das ist ausverkauft und es gibt nur noch einen Platz.«

»Dann gehen wir halt in die nächste Vorstellung«, sagte Ferdinand, dem es Spaß machte, den Onkel zu widerlegen. Aber er merkte schon, der fand das nicht ganz so witzig.

»Jetzt hör aber mal auf, dauernd irgendwelche Haarspaltereien zu finden.

Das Brett des Karneades

Zwei Schiffbrüchige treiben im Wasser und sind schon fast zu erschöpft, um zu schwimmen. Da entdecken sie ein Brett. Das Brett kann aber nur einen tragen. Wie sollen sich die Schiffbrüchigen verhalten? Stützen sich beide auf das Brett, gehen beide unter und ertrinken. Darf deshalb einer den anderen vom Brett stoßen, um sein eigenes Leben zu retten? Oder muss er dann verurteilt werden, weil er einen anderen Menschen getötet hat?

Karneades von Kysene, 214–129 v. Chr,
Griechischer Philosoph

Du weißt doch genau, dass es ums Prinzip geht.«
»Schon klar.«
»Vielleicht waren das wirklich keine guten Beispiele. Der Klassiker sind da die zwei Schiffbrüchigen, bei denen nur für einen eine Rettungsmöglichkeit existiert. Wer sich rettet, besiegelt damit den Tod des anderen. Was ist da richtig?
Es gibt tatsächlich Situationen, in denen man nicht

> Antigone: *Welch göttliches Gesetz hab ich verletzt?/Was soll ich Arme zu den Göttern noch/Aufschauen? Welchen Helfer ruf ich an?/Heiß ich doch, weil ich fromm war, Frevlerin!/Ja, wenn es so den Göttern wohlgefällt,/Dann seh ich ein: Ich leide, weil ich fehlte./Doch fehlten diese, treffe sie nichts Ärgres,/Als was sie wider Recht an mir getan!*
> Sophokles 497–406 v. Chr.,
> Griechischer Dichter

mehr weiter weiß. Man nennt so eine Situation ›Dilemma‹. Auch Antigone und die von der Weißen Rose waren in einem Dilemma. Nur konnten die es moralisch lösen. Weil sie erkannt haben, dass eben das eine Gebot mehr wiegt als das andere.
Die Leute aus dem ›Besuch der alten Dame‹ hätten es erkennen müssen. Du hast doch selbst gesagt, dass es falsch war, den einen umzubringen, um das Geld zu bekommen.«
»Ja klar!« Ferdinand war froh, dass es wieder etwas gab, wo er sich sicher sein konnte. »Zum Glück gibt's so was wahrscheinlich in Wirklichkeit nicht. Oder nicht so oft.«
»Da wäre ich mir nicht so sicher«, sagte der Onkel. »Einen Fall hast du bestimmt mitbekommen.«
»Welchen?«
»Den von dem entführten Kind, als die Polizei den Entführer geschnappt hatte, der aber nicht sagen wollte, wo er das Kind versteckt hat. Da hat ihm dann ein Polizist gedroht, dass er ihn foltern würde, wenn er es nicht verrät.«
»Ja genau, aber es war doch zu spät, oder?«

»Er hat es ihnen verraten, aber der entführte Junge war schon tot. Der Entführer wurde auch verurteilt, aber es war plötzlich die Frage da: Darf die Polizei in so einem Fall den Entführer foltern oder auch nur damit drohen?«

»Na ja, bei so einem Verbrecher, der ein Kind entführt und umbringt«, meinte Ferdinand. »Und wenn dadurch das Kind gerettet werden kann. Da muss man doch alles unternehmen.«

»Dann heiligt also der Zweck die Mittel?«, entgegnete der Onkel. »Bei dem, was ich dazu sage, ist sicher vieles meine persönliche Meinung. Aber ich finde nicht, dass der Polizist da richtig gehandelt hat.«

»Aber wenn der weiß, dass er das Opfer retten kann. Der kann doch nicht einfach zusehen, wie der Entführer dasitzt und das Kind inzwischen stirbt.«

»Ich gebe zu, da ist man schon ein bisschen ratlos«, räumte der Onkel ein. »Beide Seiten haben da gute Argumente. Aber letzten Endes ist für mich eines entscheidend: Jemanden zu foltern verletzt dessen Würde. Und die Menschenwürde ist für uns der höchste Wert. Deshalb kann es kein Argument geben, das erlaubt, jemanden zu foltern.«

»Auch nicht so einen Typen, der ein Kind entführt und umgebracht hat?«

»Auch der hat seine Menschenwürde, weil er ein Mensch ist. Das ist ja gerade das Besondere an der Menschenwürde, dass sie jeder Mensch hat und dass man sie niemandem nehmen darf. Auch keinem Verbrecher. Um diese Grundsätze hat man lange gekämpft und sie sind das Wertvollste, was wir haben. Ich weiß, dass es hart klingt, aber das darf man nicht opfern, auch wenn es um Menschenleben geht.«

»In der Schule haben wir das aber ganz anders gesehen. Und bei uns zuhause auch. Die meisten waren der Meinung, dass die Polizei da richtig gehandelt hat«, sagte Ferdinand. »Ich übrigens auch. Das mit der Menschenwürde kann mich da nicht so richtig überzeugen.«

»Ich verstehe deinen Standpunkt«, sagte der Onkel. »Und ich habe ja auch ein Problem damit, dem Polizisten einen Vorwurf daraus zu machen, dass er versucht hat, den Jungen zu retten. Trotzdem finde ich, dass man die Menschenwürde nicht opfern darf. Aber vielleicht ist das auch ein Fall eines echten Dilemmas, für das es keine Lösung gibt.« Der Onkel schien wirklich ratlos. »Vielleicht ist überhaupt das Wichtigste, dass du erkennst, dass es eben oft nicht so einfach ist. Hüte dich vor allen, die dir einfache Lösungen anbieten wollen. Oder noch mehr vor Menschen, die wissen wie's ist. Das sind die Allerschlimmsten. Denn meistens meinen die nur, dass sie es wissen, und in Wirklichkeit ist es ganz anders. Du musst selbst nachdenken. Das kommt übrigens auch in ›Antigone‹ vor. Kreon meint ja trotz aller Warnungen zu wissen, dass er mit seinem Befehl völlig Recht hat. Und dann kommt sein Sohn Haimon, der auch noch der Verlobte von Antigone ist, und versucht ihn zu überzeugen, dass es nicht so oder so sein muss, sondern dass es eben Situationen gibt, in denen keiner Recht hat oder bcide. In denen eben die Wahrheit nicht so klar zu erkennen ist.«

> Haimon: *Vater, die Götter pflanzen die Vernunft/Dem Menschen ein als höchstes aller Güter./Ich könnte nicht behaupten, was du sagtest,/Das sei nicht richtig, möcht' es auch nicht können./Nur kommt wohl auch ein andrer auf das Rechte. …/Drum lass nicht nur die eine Denkart gelten,/Die du für richtig hältst, und keine andre!*
> *Denn wer nur selber einsichtsvoll sich dünkt,/Begabt mit Geist und Rede wie kein Zweiter,/Enthüllt bei Licht besehn sich als leer./Auch für den Klugen ist doch keine Schande,/statt sich zu übernehmen, viel zu lernen.*
>
> Sophokles, 497–406 v. Chr.,
> Griechischer Dichter

Ferdinand dachte nach. Eines interessierte ihn aber doch noch: »Und wie ist das ausgegangen mit dieser Antigone?«

»Ich dachte, das lest ihr in der Schule«, sagte der Onkel.

»Ja, aber so weit sind wir noch nicht, und bei Kärrner dauert das ewig. Außerdem schlaf ich da doch immer ein und bei dir ist das irgendwie viel spannender.«

»Oh, vielen Dank«, sagte Onkel Gottfried. »Anscheinend bin ich doch noch besser als dein alter Deutschlehrer. Ja, ausgegangen ist das alles ziemlich schlecht. Nachdem ein weiser Seher dem Kreon ordentlich die Meinung gesagt hat, wollte der sein Urteil gegen Antigone wieder aufheben. Die hat sich aber kurz vorher umgebracht. Und deshalb hat sich daraufhin Haimon, der Verlobte und Sohn des Kreon, auch umgebracht. Und wie dann die Frau des Kreon davon erfährt, bringt die sich auch noch um. Am Ende steht Kreon völlig alleine da. Mit seiner Auflehnung gegen die Gesetze der Götter, die Grundrechte mit anderen Worten, hat er sich um alles gebracht, was er liebte. Und eben dadurch, dass er gemeint hat, genau zu wissen, wie es ist.«

»Das ist ja alles ziemlich heftig«, sagte Ferdinand und dachte nach.

»Und eines ist auch komisch«, sagte er nach einiger Zeit.

»Was ist denn daran komisch?«, fragte der Onkel.

»Na, irgendwie habe ich immer eine recht genaue Vorstellung davon gehabt, wie Helden aussehen. Halt so wie in den Filmen. Und jetzt kommen da Menschen vor, die gar nicht so aussehen, aber wirklich so handeln. Die treten für ihre Grundsätze ein und sterben notfalls sogar dafür. Offenbar muss man, um ein Held zu sein, gar keine Muskeln haben, sondern Charakter.«

Die haben's doch!

Oder

Warum ein bisschen betrügen
auch schon Betrug ist

*D*u kriegst die Motten!«, sagte Traugott empört. »Wir werden ganz einfach die Gelegenheit abpassen und ihm das Geld, das er geklaut hat, wieder klauen!«

»Quatsch!«, erklärte der Professor. »Wenn wir ihm das Geld klauen, sind wir ganz genau solche Diebe, wie er selber einer ist!«

»Werde bloß nicht drollig!«, rief Traugott. »Wenn mir jemand was stiehlt und ich stehl's ihm wieder, bin ich doch kein Dieb!«

»Doch, dann bist du ein Dieb«, behauptete der Professor.

»Quatsch dir keine Fransen«, murrte Traugott.

»Der Professor hat sicher Recht«, griff Emil ein. »Wenn ich jemandem heimlich was wegnehme, bin ich ein Dieb. Ob es ihm gehört oder er es mir erst gestohlen hat, ist egal.«

»Genau so ist es«, sagte der Professor. »Tut mir den Gefallen und haltet hier keine klugen Reden, die nichts nützen. Der Laden ist eingerichtet. Wie wir uns den Halunken kaufen, können wir noch nicht wissen. Das werden wir schon deichseln. Jedenfalls steht fest, dass er es freiwillig wieder hergeben muss. Stehlen wäre idiotisch.«

»Das versteh ich nicht«, meinte der kleine Dienstag. »Was mir gehört, kann ich doch nicht stehlen können! Was mir gehört, gehört eben mir, auch wenn's in einer fremden Tasche steckt!«

»Das sind Unterschiede, die sich schwer begreiflich machen«, dozierte der Professor, »moralisch bist du meinetwegen im Recht. Aber das Gericht verurteilt dich trotzdem. Das verstehen sogar viele Erwachsene nicht. Aber es ist so.«

»Von mir aus«, sagte Traugott und zuckte die Achseln.

Erich Kästner, *Emil und die Detektive*

»Ich geh heute direkt von der Schule ins Training, du brauchst nicht mit dem Essen auf mich zu warten. Bin spät dra-an.«

»Bist du rechtzeitig zum Abendessen zurück?

»Ja-a! Tschü-üs!«

Die Wohnungstüre fiel ins Schloss. Es war 7 Uhr 45, nur noch eine Viertelstunde bis Schulbeginn. Ferdinand rannte die Treppen hinunter und zur Haustüre hinaus. Schnell zum Fahrrad, das stand praktischerweise schon auf der Straße. Gestern war Ferdinands Freund Mike mitgekommen, um das neue Computerspiel auszuprobieren; sie hatten beide die Räder direkt vor dem Haus abgestellt und Ferdinand hatte seines stehen gelassen, als Mike dann nach Hause fuhr. Ferdinand hielt den Schlüssel für das Bügelschloss schon in der Hand. Jede Minute zählte, wenn er keinen Ärger bekommen wollte. Nur: Wo war das Rad? Ferdinand überlegte. Wo hatte er es abgestellt. Doch, es war links neben der Haustüre gewesen, weil auf der anderen Seite der Fahrradanhänger von Müllers aus dem dritten Stock gestanden hatte. So ein großer, in dem zwei Kinder sitzen konnten. Der stand da auch noch. Nur sein Fahrrad nicht. Konnte er sich täuschen? Nein, er war sich ganz sicher. Da hatte es gestanden. Das konnte nur eines bedeuten: Das Fahrrad war weg! Es musste geklaut sein! Ferdinand wusste nicht, was stärker war: die Wut oder die Verzweiflung. Er kämpfte mit den Tränen. Das Fahrrad war fast neu gewesen. Ein Super-Mountainbike, richtig teuer. Mittlerweile war es schon kurz vor 8 Uhr, aber es half nichts. Er musste wieder hoch.

»Was ist denn los?«, empfing ihn die Mutter. »Musst du nicht schon längst in der Schule sein?«

»Wie denn? Mein Fahrrad ist weg!«

»Was heißt ›weg‹?

»Na was schon? Weg halt. Wahrscheinlich geklaut.«

»Geklaut? Hattest du es nicht abgesperrt?«, fragte die Mutter.

»Doch, natürlich.«

»Aus unserem Fahrradständer?«

»Nee, es stand vor dem Haus«, räumte Ferdinand zerknirscht ein.

»Hab ich dir nicht immer gesagt, du sollst das Fahrrad nicht vor dem Haus stehen lassen. Das hast du nun davon.«

»Toll!« Das war wieder typisch. Sein Fahrrad war weg, und das Einzige, was seiner Mutter einfiel, waren Vorwürfe. »Und was soll ich jetzt machen?«

»Jetzt nimmst du Vaters Fahrrad und fährst erst einmal in die Schule. Und heute Mittag sehen wir dann weiter. Ich weiß auch nicht, was man da jetzt macht.«

»Vielleicht müssen wir zur Polizei«, meinte Ferdinand. »Damit die das Fahrrad wiederfindet.«

»Das sehen wir dann«, sagte die Mutter. Und Ferdinand fuhr in die Schule. Als wenn es nicht schon alles genug gewesen wäre, bekam er erst einmal Ärger mit dem Deutschlehrer, Herrn Kärrner, weil er zu spät kam. Und den Rest des Vormittags hatte er natürlich nur eines im Kopf: sein Fahrrad. Er hatte so lange darauf gespart. Einen Teil hatten ihm die Eltern zum Geburtstag geschenkt und ein großer Zuschuss war auch von Onkel Gottfried gekommen. Sonst hätte er sich dieses Rad nie leisten können. Mittags ging er dann mit der Mutter zur Polizei. Die nahm den Diebstahl auf. Der Beamte meinte aber nur, dass Räder dieser Preisklasse so gut wie nie wieder auftauchten. Ferdinand war verzweifelt.

»Ist doch nicht so schlimm«, sagte der Vater, als Ferdinand ihn im Büro anrief. »Das Fahrrad ist mit in der Hausratsversicherung. Das müssten wir ersetzt bekommen. Deine Mutter soll gleich mal den Vertreter anrufen.« Ferdinand fiel ein Stein vom Herzen. Jedoch nicht lange: Beim Telefonat mit der Versicherung erfuhr die Mutter, dass das Fahrrad eigentlich nur dann versichert ist, wenn es nachts nicht auf der Straße, sondern im Fahrradständer im Hof steht. Was sollten sie nun machen; wieder war Ferdinand am Boden zerstört.

»So eine Unverschämtheit!«, schimpfte der Vater am Abend, als sie es ihm erzählten. »Das ist ja wieder mal typisch Versicherung. Da zahlt man jedes Jahr seine Beiträge, und wenn mal was passiert, steht im Kleingedruckten, dass sie dann nicht zahlen müssen. Das haben sie sich fein ausgedacht, dass die Diebstahlversicherung nur dann zahlt, wenn die Sachen an einem Ort sind, an dem sie nicht gestohlen werden können. So müssen sie nie zahlen. Aber jedes Jahr die Prämien erhöhen und sich ganze Paläste hinstellen. Immer in der besten Gegend.«

Da schaltete sich die Mutter in das Gespräch ein: »Unser Versicherungsmann hat auch gleich gesagt, wir dürfen nur nicht schreiben, dass das Fahrrad draußen gestanden hat. Das muss man immer anders angeben, sagt er. Er schickt uns die Formulare und bei der Polizei waren wir ja schon.«

»Na, dann ist es ja gut«, meinte der Vater. »Ich hätte ja ein bisschen Bedenken gehabt. Aber wenn der uns das so sagt. Der ist ja schließlich von dem Verein. Und wozu zahle ich ein. Da muss man es halt so formulieren, dass es passt.«

Ferdinand war hin und her gerissen. Natürlich wollte er sein Mountainbike ersetzt haben, aber war das nicht ein Betrug, für den man sogar ins Gefängnis kommen konnte? Und außerdem eine Lüge, ohne echte Notsituation?

Ist Schönfärben, damit man Geld bekommt, immer gleich ein Betrug?

»Was heißt hier lügen?«, sagte der Vater, »Die zwingen einen ja dazu, dass man das ein bisschen schönt. Und überhaupt: Willst du nun wieder ein Rad oder nicht?«

»Natürlich«, sagte Ferdinand.

»Ja siehst du«, sagte der Vater. »Ohne Versicherung bekämst du nicht so schnell ein neues. Moral muss man sich leisten können. Bei den Versicherungen trifft es wirklich keinen Armen. Und man lügt ja niemanden direkt an.«

Da war sicher was dran, und Ferdinand wollte natürlich unbedingt sein Fahrrad ersetzt bekommen. Aber so ganz wohl war ihm bei der Sache nicht. Vielleicht sollte er das mit Onkel Gottfried besprechen, dachte Ferdinand. Schließlich hatte der das Fahrrad ja mitbezahlt. Und bei der Frage, was man tun soll, war man bei Onkel Gottfried immer gut aufgehoben.

»So ein Mist«, sagte der Onkel nur, als Ferdinand ihm erzählte, wie er mit Mike nach Hause gekommen war, wie das Fahrrad morgens weg war und was die Mutter gesagt hatte. »Natürlich hat deine Mutter Recht, dass man ein so teures Fahrrad nicht draußen stehen lässt. Aber helfen tut das nun auch nicht mehr, und hinterher ist man immer klüger. Du ja genauso. Jetzt hättest du es sicher auch anders gemacht, da muss man nicht noch darauf rumreiten. Das, was deine Mutter gesagt hat, ist ein typischer Fall von ›richtig, aber zur falschen Zeit‹.«

Das tat Ferdinand gut. Er wusste ja, dass er da etwas falsch gemacht hatte und machte sich sowieso die größten Vorwürfe deswegen. Deshalb hatte ihm das von der Mutter so wehgetan.

»Und was ist jetzt?«, wollte der Onkel wissen. »Ist das Fahrrad denn wenigstens versichert? Dein Vater ist da doch immer recht vorsichtig und liebt Versicherungen.«

»Ja, das schon.«

»Aber?«

Daraufhin erzählte Ferdinand die ganze Sache mit der Versicherung, dem Gespräch mit dem Vertreter, den Versicherungsbedingungen und was sein Vater dazu meinte. Der Onkel hörte sich alles an. Er sagte gar nichts.

»Und?«, fragte Ferdinand.

»Was ›und‹?«

»Ja, darf man das nun machen oder nicht?«

»Was meinst du?«

»Ich weiß nicht recht«, sagte Ferdinand. »Sag halt schon.«

»Willst du's wirklich wissen?« Der Onkel sah nicht sehr glücklich aus. »Na gut: Ich finde es unmöglich. Das geht auf keinen Fall!«

»Auf keinen Fall?«

»Auf keinen Fall!«

»Und warum nicht?«, fragte Ferdinand. »Ich habe mir das mal mit der ›Goldenen Regel‹ überlegt, die du mir mal erklärt hast. Die findest du doch so wichtig. ›Was du nicht willst, dass man dir tu, das füg auch keinem anderen zu.‹ Hier funktioniert das nicht. Ich bin doch keine Versicherung. Und wenn ich eine Versicherung wäre, würde ich nie auf so blöden Regeln bestehen.«

»Also, erstens ist ja der Sinn der Goldenen Regel, dass man sich in den anderen hineinversetzt. Folglich müsstest du dir vorstellen, dass du eine Versicherung bist. Oder zumindest ein Verantwortlicher dort. Und dann glaube ich, dass du sehr wohl auf solchen Regeln bestehen würdest.«

»Warum das?«, fragte Ferdinand, »Vater sagt, die machen die Versicherungsbedingungen nur so, damit sie nie bezahlen müssen. Das kann doch nicht der Sinn einer Versicherung sein.«

»Das ist auch nicht der Sinn. Aber mit einer Versicherung kauft man sich sozusagen Schutz für ein bestimmtes Risiko. Und so viel muss es dann auch kosten.«

»Das verstehe ich jetzt nicht«, sagte Ferdinand.

»Na gut. Überleg dir mal Folgendes: Wenn du dein neues Fahrrad ohne es abzusperren auf der Straße stehen lässt. Wie lange steht es da?«

»Was weiß ich? Keine Ahnung.«

»Wenn du es ein Jahr lang stehen lässt, ist es dann weg?«

»Hundertprozentig!«, sagte Ferdinand.

»Ja, und jetzt überleg mal: Die Versicherung muss ja Gewinn machen. Oder zumindest keinen Verlust. Wenn die also dein Fahrrad gegen Diebstahl versichern, auch dann wenn es nicht abgesperrt auf der Straße steht, und es ist hundertprozentig in einem Jahr gestohlen, dann müsste die Prämie der Versicherung ja mindestens so hoch sein, wie das Fahrrad kostet. Jedes Jahr. Oder noch mehr. Wenn das Rad immer schon nach einem Monat weg wäre, müsste die Versicherung im Monat so viel kosten wie das Rad. Und so weiter.«

»Und was bedeutet das?« Ferdinand war ratlos.

»Die Versicherung muss festlegen, dass die Fälle, in denen dein Fahrrad sicher oder zumindest sehr schnell weg ist, nicht in dem Schutz enthalten sind. Weil das alles sonst so viel kosten würde, dass es niemand mehr bezahlen will. Und dazu gehört auch, dass das Fahrrad nachts nicht auf der Straße steht, weil es da halt viel schneller geklaut wird. Wie man gesehen hat«, fügte der Onkel noch hinzu.

»Ja, und wofür ist dann die Versicherung da, wenn sie alles ausschließt, wo das Fahrrad gestohlen werden kann?«

»Also wenn die tatsächlich in ihre Bedingungen reinschreiben würden ›Ausgeschlossen ist der Versicherungsschutz, wenn das Fahrrad an einem Ort abgestellt wird, an dem es gestohlen werden kann‹, wäre die Versicherung wirklich unsinnig. Aber so ist es nicht. Die Versicherungsbedingungen werden ja auch überprüft, und wenn sie zu einseitig sind, sind sie nicht zulässig oder unwirksam. Aber überleg doch mal: Ihr habt vier Fahrräder. Wenn auch aus dem Hof im Schnitt in 10 Jahren aus eurer Familie auch nur ein Fahrrad gestohlen wird, dann muss die Versicherung nur für die Fahrräder schon jedes Jahr ein zehntel des Preises für ein Fahrrad kosten. Dann macht die Versicherung noch keinen Gewinn. Und wir haben noch nicht die Fälle, in denen jemand falsche Angaben macht.«

»Hmmm ...«, sagte Ferdinand. »Das muss man also alles wissen, wenn man sich überlegen will, was richtig ist. Das geht doch gar nicht. Weiß das denn mein Vater?«

»Das weiß ich jetzt natürlich nicht«, sagte der Onkel. »Aber oft weiß man es, denkt aber nicht so genau darüber nach. Oder man meint, das eine Mal macht nichts.«

»Ja genau! Vater hat noch gemeint, das eine Fahrrad würde so ein Riesenunternehmen ja nicht einmal bemerken. Das stimmt doch!«

»In gewissem Sinne stimmt das natürlich. Wenn die Versicherung jedes Jahr etliche Milliarden Euro an Schäden bezahlt, fallen die 1000 ...«

»1449.«

»... 1449 Euro nicht groß auf. Aber das darf kein Argument sein.«

»Wieso nicht?«, fragte Ferdinand.

»Also Kant – den kennst du doch?«

»Klar, der Typ mit dem Weltrekord im Kompliziert-Ausdrücken.«

»Ja genau«, Onkel Gottfried musste lachen. »Also Kant hat gesagt, es kommt bei allem, was man tut, nicht auf das Ergebnis an, sondern auf das, was man wollte.«

»Das finde ich gar nicht«, protestierte Ferdinand. »Ich finde es genau umgekehrt.«

»Wie kommst du denn darauf?«, fragte der Onkel.

»Na, immer wenn etwas so richtig in die Hose gegangen ist, dann sagt der, der es verbockt hat, dass es doch gut gemeint war. Und was hat man davon?«

»Du bist wirklich verdammt schlau«, sagte der Onkel

> *»Es ist überall nichts auf der Welt, ja überhaupt auch außer derselben zu denken möglich, was ohne Einschränkung für gut könnte gehalten werden, als allein ein guter Wille.«*
> Immanuel Kant, 1724–1804,
> Deutscher Philosoph

anerkennend. »So mal eben nebenher torpedierst du Kant. Allerdings ist es nicht ganz so einfach. Schließlich kann man oft nichts dafür, ob etwas gelingt oder nicht. Seinen eigenen

> »*Gut gemeint ist das Gegenteil von gut.*«
>
> Bertolt Brecht, 1898–1956,
> Deutscher Dichter

Willen dagegen, den hat man in der Hand. Aber hier bei der Sache mit der Versicherung passt das Berühmteste, was Kant formuliert hat: sein ›Kategorischer Imperativ‹.«

»Davon hast du schon mal erzählt. Ich hab's aber nicht richtig kapiert. Was bedeutet eigentlich ›kategorisch‹?«

»Kategorisch hat Kant diesen Imperativ, also Befehl, genannt, weil er immer gelten soll. Nicht nur dann, wenn man etwas Bestimmtes erreichen will.«

»Und was befiehlt der jetzt?«

»Kant hat den kategorischen Imperativ in ein paar verschiedenen Versionen formuliert. Aber insgesamt sagt er, man soll sich immer so verhalten, dass die Regel oder das Prinzip, nach dem man handelt, für alle verbindlich sein könnte. Man muss sich also immer vorstellen können, dass diese Regeln, er nannte sie ›Maxime‹, die man sich selber gibt, auch ein allgemeines Gesetz für alle wäre. Wenn das schlecht oder sogar gar unmöglich ist, ist auch die eigene Handlung falsch.«

»Und was bedeutet das jetzt?«

»Kant hat selbst eine Reihe von Beispielen verwendet, aber ich finde, dass dein Fahrrad ein ziemlich gutes ist. Du überlegst also, ob du etwas Falsches an die Versicherung schreiben sollst, damit sie bezahlt, obwohl sie das bei der richtigen Schilderung nicht müsste. Klar?«

»Klar.«

»Jetzt überlegst du dir: Was ist denn die Regel, die dahinter steckt? Die wäre doch: ›Immer wenn meine Versicherung den Schaden nicht bezahlt, weil er genau so, wie es passiert ist, nicht versichert war, behaupte ihr gegenüber etwas anderes, damit sie bezahlt.‹ Klar?«

»Klar.«

»Jetzt musst du dir überlegen, wie das als allgemeines Gesetz aussähe. Etwa so: ›Wenn eine Versicherung einen Schaden nicht bezahlt, weil er konkret nicht versichert war, darf jeder die Angaben so machen, dass sie bezahlen muss.‹ Klar?«

»Klar.«

»Und würdest du das wollen oder ginge das überhaupt? Nein! Klar?«

»Klar. Ähh …, nein, nicht klar.«

»Na, wenn es dieses Gesetz gäbe, könnte es gar keine Versicherungen geben.«

»Warum nicht?«

»Du erinnerst dich doch an die Frage, was so eine Versicherung kosten muss.«

»Klar.«

»Na wenn jetzt zum Beispiel niemand sein Fahrrad absperrt, wären die doch dauernd weg. Und jeder würde der Versicherung sagen: ›Das Rad war abgesperrt im Hof‹, weil er dann das Geld bekommt. Die Ver-

sicherung müsste dauernd ein Fahrrad bezahlen. Im Extrem-
fall, wenn jemand damit täglich zum Bahnhof fährt und es
dort offen stehen lässt jeden Tag. Das ginge gar nicht, also
gäbe es keine Fahrradversicherung. Oder nur zu einem Preis,
dass man sich dafür jeden Tag ein neues Rad kaufen kann.
Jetzt klar?«

»Ja, jetzt ist es klar«, sagte Ferdinand. »Auch wenn es ziemlich
kompliziert ist.«

»Ja, aber es gibt auch zwei einfachere Gründe, warum man
das nicht machen darf«, fügte der Onkel hinzu.

»Und die wären?«, fragte Ferdinand.

»Zum einen ist es ja eine Lüge. Zwar eine schriftliche, aber
dennoch eine Lüge.«

»Aber das ist doch nur gegenüber einer Firma«, wandte Ferdinand ein.

»Also ich wüsste nicht, warum man in so einem Fall lügen
darf, und da sitzt auch ein Sachbearbeiter, den man ganz
konkret anlügt. Und außerdem ist es ein reinrassiger Betrug.
Damit macht man sich strafbar, und wenn das jemand merkt,
landet man sehr schnell vor Gericht. Und etwas, mit dem man
sich strafbar macht, ist in den allerseltensten Fällen richtig.«

»Ja, aber wie ist es denn dann, wenn man zu seinem Vorteil
handelt, ohne zu lügen oder sich strafbar zu machen?«,
fragte Ferdinand.

»Was meinst du konkret?

»Na ja, letzte Woche ist mir da was passiert, da wusste ich
auch nicht so recht, ob das richtig war, was ich gemacht
habe.«

»Oje«, sagte der Onkel.

»Wieso ›Oje‹?«, wollte Ferdinand wissen.

»Na, es gibt so eine Faustregel: Wenn man anfängt zu überlegen, ob das, was man getan hat, richtig ist, dann ist es meistens falsch. Aber das muss nicht stimmen. Was hast du denn
gemacht?«

»Ich hab im Supermarkt mit einem 5-Euro-Schein bezahlt und die Kassiererin hat mir auf 20 Euro rausgegeben.«

Muss man etwas sagen, wenn man zu viel Wechselgeld herausbekommt?

»Und hast du es bemerkt?«, fragte Onkel Gottfried.
»Nicht im ersten Moment«, antwortete Ferdinand, »aber dann schon. Schließlich hab ich jetzt an der Dose Cola 15 Euro verdient.«
»Und hast du was gesagt?«
»Nein. Deshalb weiß ich ja auch nicht so recht, ob ich das richtig gemacht habe.«
»Dann hast du also Zweifel.«
»Ja schon, aber der Mike hat gesagt, man muss sich nicht melden. Seine Eltern sagen, das ist rechtlich ganz klar, dass das Sache der Kassiererin ist.«
»Gut«, sagte der Onkel, »aber warum hast du dann Bedenken?«
»Na, irgendwie hab ich das Gefühl, dass es trotzdem nicht in Ordnung ist. Schließlich hab ich Geld bekommen, das mir eigentlich nicht gehört. Wie ist das denn nun? Ich habe nicht gelogen und strafbar ist es doch auch nicht.«
»Hmmm …«, sagte diesmal Onkel Gottfried. »Das ist jetzt gar nicht so einfach.«
»Also weißt du es auch nicht?«, fragte Ferdinand.
»Doch«, antwortete der Onkel. »Ich bin mir schon sicher, was man da tun soll, aber es fällt mir gerade schwer, das mit Kant zu begründen.«
»Na, das muss doch auch nicht sein«, sagte Ferdinand. »Kant ist schließlich nicht das Alleinseligmachende. Der war doch

auch nur ein Mensch. Zwar ein recht kluger, aber doch nur ein Mensch. Vielleicht hat er sich ja auch ganz einfach geirrt. So wie bei der Notlüge. Das war doch auch Unsinn, dass man da den Freund ermorden lassen soll, nur damit man immer die Wahrheit sagt.«

»Also du bist wirklich erstaunlich!« Onkel Gottfried schüttelte den Kopf. »Wahrscheinlich hast du wirklich Recht. Aber auf jeden Fall ist es ganz klar, was man tun soll, wenn man sich an die Goldene Regel hält.«

»Du meinst, ich soll mir überlegen, was ich als Kassiererin dazu sagen würde?«

»Ja, genau«, sagte der Onkel.

»Na, die Kassiererin würde auf jeden Fall wollen, dass man sie auf ihren Irrtum hinweist.«

»Das vermute ich auch ganz stark«, bestätigte Onkel Gottfried. »Du würdest es umgekehrt doch auch wollen.«

»Ja, aber was heißt umgekehrt? Mir kann das doch nicht passieren.«

»Wieso nicht?«, fragte der Onkel. »Stell dir vor, du musst genau 5 Euro bezahlen und gibst versehentlich einen 20 Euro-Schein her.«

»Das passiert mir nicht, die sehen doch ganz anders aus«, widersprach Ferdinand.

»Na, dann eben im Urlaub«, sagte der Onkel.

»Aber dort gibt es doch auch Euro. Und die kenne ich.«

»Manchmal stellst du dich aber absichtlich blöd.« Onkel Gottfried war fast ein bisschen verärgert. »Dann eben in Amerika. Die Dollarscheine sehen alle sehr ähnlich aus. Und sag jetzt nicht, dass du noch nie in Amerika warst. Wenn du dort im Urlaub bist und versehentlich viel zu viel bezahlst, bist du heilfroh, wenn der Verkäufer das nicht einsteckt, sondern dich darauf hinweist.«

»Ja, schon.«

»Und es kommt noch etwas dazu, was eben auch mit der Goldenen Regel zu tun hat: Es macht das Leben viel einfacher und angenehmer, wenn man darauf vertrauen oder zumindest hoffen kann, zu viel gegebenes Geld zurückzubekommen.«

»Obwohl es ja nicht das Geld der Kassiererin ist«, meinte Ferdinand.

»In gewissem Maße ist es auch ihr Geld«, entgegnete der Onkel. »Normalerweise muss sie nämlich Geld, das in ihrer Kasse fehlt, ersetzen.«

»Oh, das wusste ich nicht«, sagte Ferdinand.

»Wäre das denn etwas anderes?«

»Ja, natürlich!«

»Und warum?«, fragte der Onkel.

»Na, weil es sie ja viel härter trifft als den Supermarkt«, sagte Ferdinand.

»Das stimmt zwar«, sagte der Onkel. »Aber das Geld zu behalten ist falsch. Tatsächlich ist so ein Verlust schlimmer für jemanden, der es nicht so dicke hat. Aber hier geht es doch um Grundsätze. Und die gelten immer, egal, wie viel Geld jemand hat.«

»Toll!«, sagte Ferdinand, »Fahrrad weg, und wenn man mal durch Zufall Geld bekommt, muss man es wieder zurückgeben. Ich weiß nicht recht, ob ich wirklich moralisch sein möchte.«

Mitgefangen, mitgehangen

Oder

Warum gibt es Strafe?

Am späten Abend, als Fräulein Rottenmeier sich von den Aufregungen des Morgens wieder erholt hatte, berief sie Sebastian und Tinette ins Studierzimmer herauf, um hier eine gründliche Untersuchung über die strafwürdigen Vorgänge anzustellen. Nun kam es denn heraus, dass Heidi auf ihrem gestrigen Ausflug die sämtlichen Ereignisse vorbereitet und herbeigeführt hatte. Fräulein Rottenmeier saß weiß vor Entrüstung da und konnte erst keine Worte für ihre Empfindungen finden. Sie winkte mit der Hand, dass Sebastian und Tinette sich entfernen sollten. Jetzt wandte sie sich an Heidi, die neben Klaras Sessel stand und nicht recht begriff, was sie verbrochen hatte.

»Adelheid«, begann sie mit strengem Ton, »ich weiß nur eine Strafe, die dir empfindlich sein könnte, denn du bist eine Barbarin; aber wir wollen sehen, ob du unten im dunklen Keller bei Molchen und Ratten nicht zahm wirst, dass du dir keine solchen Dinge mehr einfallen lässt.«

Heidi hörte still und verwundert sein Urteil an, denn in einem schreckhaften Keller war sie noch nie gewesen; der anstoßende Raum in der Almhütte, den der Großvater Keller nannte, wo immer die fertigen Käse lagen und die frische Milch stand, war eher ein anmutiger und einladender Ort, und Ratten und Molche hatte sie noch keine gesehen.

Aber Klara erhob einen lauten Jammer: »Nein, nein, Fräulein Rottenmeier, man muss warten, bis der Papa da ist; er hat ja geschrieben, er komme nun bald, und dann will ich ihm alles erzählen, und er sagt dann schon, was mit Heidi geschehen soll.«

Johanna Spyri, *Heidi*

Ferdinand kam superwütend aus der Schule nach Hause. Er war so geladen, dass er gleich loslegte: »Das ist eine Riesenungerechtigkeit!«

»Reg dich doch nicht so künstlich auf!«, stichelte seine Schwester Pia.

Da kam sie Ferdinand gerade recht: »Das ist ja mal wieder einer deiner ach so reifen Sprüche! Dich möcht ich sehen, wenn man dich nicht ins Skilager fahren lässt. Und das, obwohl du nichts getan hast.«

»Wieso nicht ins Skilager fahren?«, schaltete sich die Mutter ein, die einen Streit zwischen den beiden Geschwistern vermeiden wollte. »Ihr fahrt doch dieses Jahr.«

»Eben«, sagte Pia.

»Eben, eben‹, von wegen ›eben‹«, Ferdinand warf seiner Schwester nach einen vernichtenden Blick zu. Am liebsten hätte er ihr eine gescheuert. »Das war bis gestern. Heute hat der Direktor beschlossen, dass unsere Klasse nicht ins Skilager fahren darf.«

»Wieso denn das?«, fragte die Mutter. »Jetzt lass dir doch nicht alles aus der Nase ziehen.«

»Ach, Herr Ferdinand ist zu verletzt, um zu sprechen!« Pia wusste genau, wie sie Ferdinand reizen konnte; in dem kochte die Wut hoch.

»Du bist eine blöde Ziege! Halt doch dein Maul!«

»Hör sofort auf, Ferdinand, noch ein solches Wort zu deiner Schwester und es gibt kein Taschengeld! Ich glaube, ihr geht besser auf eure Zimmer.« Der Ton der Mutter wurde schärfer.

»Ach, jetzt bin ich's wieder gewesen!« Ferdinand konnte es nicht glauben, dass er jetzt zuhause auch noch ungerecht bestraft werden sollte. Schließlich war es doch Pia gewesen, die angefangen hatte. Nur weil die es raffinierter machte. Aber das war ja gar nichts gegen das, was in der Schule passiert war. Ferdinands Klasse hatte eine Freistunde gehabt. Keine ganze Freistunde, nur der Englischlehrer war plötzlich während der Stunde dringend ins Direktorat gerufen worden. Weil sie gerade ein englisches Video ansahen, meinte der Lehrer, sie sollten das weitersehen, bis er zurückkäme. Als der Lehrer draußen war, kamen ein paar in der Klasse auf die Idee, lieber MTV zu sehen. Ein paar waren dagegen, die wollten das Video weitersehen, andere eine Sportübertragung und noch mal andere eine alte ›Raumschiff-Enterprise‹-Folge, die gerade lief. Auf jeden Fall kam es am Schluss zu einer Rauferei am Videorekorder, und plötzlich hatte jemand mit Gewalt ein paar Knöpfe daran abgebrochen. Als der Englischlehrer zurückkam, bemerkte er es sofort, die Geräte waren gar nicht mehr zu gebrauchen. Als er dann nicht herausbekam, wer es getan hatte, holte er den Direktor, und als der es auch nicht herausbekam, verkündete er, dass zur Strafe die ganze Klasse nicht ins Skilager fahren darf.

»Das ist ungerecht! Ungerecht und gemein!«, sagte Ferdinand, als er das alles abends dann erzählt hatte. »Ich hab da gar nichts gemacht an den Sachen und darf jetzt nicht ins Skilager fahren. Wie kann das sein?«

Darf man bestraft werden,
auch wenn man selbst nichts getan hat?

Die ganze Familie saß beisammen, auch Onkel Gottfried war zum Abendessen gekommen. Es gab Tafelspitz, den Onkel Gottfried so gerne mochte, deshalb lud die Mutter ihren Bruder meistens dazu ein. Ferdinand war kein Freund von diesem komischen gekochten Fleisch und konnte gar nicht verstehen, dass die Erwachsenen immer von der blöden Brühe so begeistert waren; besonders der Onkel. Den ekligen Fettrand am Fleisch schnitt Ferdinand immer sofort ab, aber sonst war der Tafelspitz wenigstens mager. Das Fett nahm sich dann jedes Mal der Vater mit der Bemerkung ›Das ist das Beste, da steckt der Geschmack drinnen‹. Ferdinand drehte es dabei regelrecht den Magen um und es beruhigte ihn, dass Onkel Gottfried das Fett auch abschnitt.

»Na ja«, sagte der Vater nach Ferdinands Erzählung, »Es heißt nun einmal ›mitgefangen – mitgehangen‹. Ihr wart ja alle irgendwie an der Sache beteiligt, und da müsst ihr jetzt alle dafür einstehen.«

»Also, das finde ich jetzt aber ein bisschen zu einfach«, schaltete sich die Mutter ein. »Das kann doch nicht erklären, warum jemand bestraft wird, der nichts getan hat.«

»Aha, zu einfach«, sagte der Vater. »Vielleicht hat ja dann Gottfried eine kompliziertere Lösung parat.«

»Zumindest eine überzeugendere«, dachte Ferdinand. Obwohl sein Onkel nichts sagte, war das so ein typisches Thema, bei dem er oft das Richtige wusste. Aber der Vater hatte nicht so geklungen, als wenn es klug wäre, das jetzt zu sagen.

»Irgendwie hört sich der Spruch eher nach Mittelalter an«, sagte Ferdinand stattdessen. »Wenn's noch ums Aufhängen geht. Wahrscheinlich sollten wir noch froh sein, dass unser Direktor nicht mit irgendwelchen Folterknechten angerückt ist, um herauszubekommen, wer es war. Vielleicht mit dem Hausmeister. Wie bei den ›Simpsons‹ Rektor Skinner mit dem rothaarigen Groundskeeper Willie.«

»Oh je, jetzt geht mal wieder die Fantasie mit Herrn Ferdinand durch«, meinte Pia. »Hat nicht sogar mal in deinem Zeugnis gestanden, du sollst deine Fantasie zügeln.«

»Ich glaube eher, so eine Bemerkung im Zeugnis ist pädagogisches Mittelalter«, sagte der Onkel. »Statt dass man froh über Fantasie ist und sie fördert.«

»Aha, ein Experte für Pädagogik«, erwiderte der Vater spitz. Er wurde meistens ärgerlich, wenn Onkel Gottfried etwas über Kinder sagte. Einmal, als der nicht dabei war, hatte er nur gemeint: »Das hab ich gern. Selber keine Kinder haben, nicht einmal eine Frau oder wenigstens eine feste Beziehung, aber über Erziehung Bescheid wissen. Wahrscheinlich weiß er das alles wegen seinem Hund Anton, der ist ja so ein Ersatzkind bei ihm.«

»Kann schon sein«, sagte die Mutter, um das Thema wieder zu wechseln, »aber das mit der Strafe haben wir immer noch nicht geklärt. Ich gebe Ferdinand ganz Recht, dass es nicht richtig ist, wenn jemand bestraft wird, der nichts getan hat. Aber andererseits kann die Schule das nicht einfach so durchgehen lassen. Sonst passiert morgen das Gleiche in einer anderen Klasse. Und am Schluss wird die ganze Schule demoliert. Aber wer bezahlt denn jetzt eigentlich den Schaden?«

»Ist noch nicht raus«, sagte Ferdinand. »Der Direktor wollte 'nen Elternabend deshalb machen.«

»Aha. Also ich zahle da nichts, wenn mein Sohn nichts gemacht hat. Und dass er was gemacht hat, soll ihm mal jemand nachweisen.« Der Vater sah Ferdinand bohrend an.

»Aber dasselbe müsste doch dann auch für die Strafe gelten«, sagte die Mutter zu ihrem Mann. »Du kannst doch nicht einmal so und einmal so argumentieren.«

»Ich lasse mich hier nicht in die Ecke der Widersprüchlichkeiten schieben«, protestierte der Vater. »Aber ich halte es für wichtig, dass hier jemand bestraft wird, weil nun einmal etwas passiert ist. Da hat jemand absichtlich etwas kaputtgemacht, das kann nicht einfach so stehen bleiben. Da ist es besser, wenn es einige trifft, die nicht beteiligt waren. Obwohl ganz und gar unbeteiligt war ja niemand, der im Klassenzimmer war. Oder?«

»Also bei einer richtigen Strafe, wenn jemand ins Gefängnis muss«, erwiderte die Mutter, »da finde ich, muss wirklich feststehen, ob es derjenige wirklich war. Aber das mit dem Skilager, das ist zwar eine Art Strafe, aber keine richtige.«

Ferdinand glaubte nicht recht zu hören: »Super, jetzt soll ich wohl auch noch froh sein, dass ich nicht wegmuss von zu Hause und nicht bei der Kälte auf die Berge. Das ist wohl mehr eine Belohnung, oder wie?«

»Nein, das hörst du jetzt wahrscheinlich nicht so gern«, sagte die Mutter. »Aber in der Schule geht es ja auch immer um Erziehung. Und das mit dem Skilager, dass ihr da nicht fahren dürft, dient in erster Linie der Erziehung. Und das muss leider die ganze Klasse treffen. Auch wenn ich das schon ein bisschen hart finde.«

»Na, wenigstens etwas«, seufzte Ferdinand.

Jetzt mischte sich auch Onkel Gottfried in die Diskussion ein: »Also ich halte das trotzdem für problematisch. Wenn es tatsächlich eine echte Strafe ist, dann ist es ausgeschlossen, dass auch Unschuldige mit betroffen werden. Das ist ja, als wenn man Erschießungen mit dem Schrotgewehr macht, weil man dann sicher den Verurteilten trifft, egal, ob noch andere durchlöchert werden. Damit so etwas nicht passiert, gibt es den Grundsatz, dass immer, wenn Zweifel daran bleiben, ob jemand sich strafbar gemacht hat, diese Zweifel zugunsten des Angeklagten wirken müssen.

Das bedeutet, dass man lieber in Kauf nimmt, einen Verbrecher laufen zu lassen, als einen Unschuldigen ins Gefängnis zu stecken. Das muss man sich ja nur einmal vorstellen, man sitzt im Gefängnis und weiß, dass man nichts getan hat. Ich glaube, das hält man fast nicht aus.«

»Da gab's doch auch was in der Bibel, wenn ich mich recht erinnere«, sagte die Mutter. »Dass Gott die sündige Stadt Sodom verschont, wenn dort auch nur wenige aufrichtige Menschen leben, weil er die nicht mitbestrafen will, obwohl sie nichts getan haben.«

»Das ist ja so wie bei uns in der Klasse«, rief Ferdinand.

»Na, ihr tut ja so, als wenn man die ganze Klasse in den Knast gesteckt hätte«, warf der Vater ein.

»Ja, da gebe ich dir schon Recht«, sagte Onkel Gottfried. »Und auch meiner Schwester. Das mit dem Skilager ist kein Knast, aber eine freundliche Ermahnung ist es auch nicht gerade. Man kann da sicher streiten, ob das aus erzieherischen Gründen sinnvoll ist, aber als Strafe halte ich es nicht für vertretbar, wenn es auch Unschuldige trifft.«

»Warum muss denn da überhaupt jemand bestraft werden?«, wollte Ferdinand nun wissen. »Kann man das nicht einfach weglassen, wenn es so Schwierigkeiten macht?«

> *Die Männer wandten sich von dort ab und gingen auf Sodom zu.*
> *Abraham aber stand noch immer vor dem Herrn. Er trat näher und sagte: Willst du auch den Gerechten mit den Ruchlosen wegraffen? Vielleicht gibt es fünfzig Gerechte in der Stadt: Willst du auch sie wegraffen und nicht doch dem Ort vergeben wegen der fünfzig Gerechten dort? Das kannst du doch nicht tun, die Gerechten zusammen mit den Ruchlosen umbringen. Dann ginge es ja dem Gerechten genauso wie dem Ruchlosen. Das kannst du doch nicht tun. Sollte sich der Richter über die ganze Erde nicht an das Recht halten? Da sprach der Herr: Wenn ich in Sodom, in der Stadt, fünfzig Gerechte finde, werde ich ihretwegen dem ganzen Ort vergeben.*
> Altes Testament,
> 1. Buch Mose (Genesis) 18,22–26

Warum gibt es eigentlich überhaupt Strafe?

»Das könnte allen so passen, die etwas angestellt haben«, sagte der Vater. »Wenn jemand ein Unrecht begangen hat, dann muss es eine Strafe dafür geben. Damit das Unrecht gesühnt wird. Es passieren doch dauernd irgendwelche schreck-

> *»Hat er aber gemordet, so muss er sterben; es gibt hier kein Surrogat zur Befriedigung der Gerechtigkeit.«*
>
> *»Selbst wenn sich die bürgerliche Gesellschaft mit aller Glieder Einstimmung auflösete (z. B. das eine Insel bewohnende Volk beschlösse, auseinander zu gehen, und sich in alle Welt zu zerstreuen) müsste der letzte im Gefängnis befindliche Mörder vorher hingerichtet werden, damit jedermann das widerfahre, was seine Taten wert sind, und die Blutschuld nicht auf dem Volke hafte, das auf diese Bestrafung nicht gedrungen hat.«*
>
> Immanuel Kant, 1724–1804,
> Deutscher Philosoph

> *»Wer einen Menschen erschlägt, wird mit dem Tod bestraft. Wer ein Stück Vieh erschlägt, muss es ersetzen: Leben für Leben. Wenn jemand einen Stammesgenossen verletzt, soll man ihm antun, was er getan hat: Bruch um Bruch, Auge um Auge, Zahn um Zahn. Der Schaden, den er einem Menschen zugefügt hat, soll ihm zugefügt werden.«*
>
> Altes Testament,
> 3. Buch Mose (Levitikus) 24, 17–22

lichen Verbrechen. Wenn man sich vorstellt, dass einer einen anderen umbringt und davonkommt, ohne bestraft zu werden. Ich fände das schrecklich. Manchmal denke ich, der Verbrecher sollte einfach so bestraft werden, dass er dasselbe erleiden muss wie sein Opfer. Dann sieht er, was er gemacht hat.«

»Ja«, sagte Onkel Gottfried, »das ist ja auch ein uraltes Prinzip, man nennt es Talionsprinzip: Dem Verbrecher soll genau das angetan werden, was er getan hat: ›Auge um Auge, Zahn um Zahn‹. Das hat auch den Vorteil, dass die Strafhöhe dem entspricht, was jemand getan hat.«

»Gerecht ist das vielleicht mit der Strafhöhe«, sagte die Mutter, »obwohl man dann auch die Todesstrafe wieder einführen müsste, wenn jemand einen umgebracht hat ...«

»Oder bei denen in meiner Klasse ein paar Knöpfe abbrechen«, warf Ferdinand ein.

»Aber davon wird doch der Videorekorder auch nicht wieder ganz, und es wird doch auch keiner wieder lebendig davon, wenn ein Mörder hingerichtet wird. Ist man da nicht eher bei der Rache?«

»Aha, jetzt unterstellst du also denen, die nichts getan haben, Rache, nur weil sie wollen, dass ein Übeltäter bestraft wird«, sagte der Vater. »Nein, durch die Bestrafung wird die Tat eben gesühnt.«

> *»Das Verbrechen ist die Negation des Rechts, die Strafe demnach die Negation dieser Negation also das Aufheben des Verbrechens, das sonst gelten würde, und damit die Wiederherstellung des Rechts.*
>
> *Das Aufheben des Verbrechens ist insofern Wiedervergeltung, als sie dem Begriffe nach Verletzung der Verletzung ist.«*
>
> Georg Wilhelm Friedrich Hegel, 1770–1831, Deutscher Philosoph

»Es wäre natürlich gut, wenn es tatsächlich zu einer Sühne der Tat kommt«, sagte der Onkel. »Aber da müsste der Täter sie wirklich bereuen und ob er das tut, weiß man nie. Aber es gibt die Theorie, dass die Strafe das Recht wiederherstellt, das durch die Straftat verletzt worden ist.«

»Ich weiß nicht recht«, sagte die Mutter, »das scheint mir ja schon fast mehr religiös als sonst was zu sein. Ich kann das alles nachvollziehen, wenn man gläubig ist und es um die Sünde geht. Wer sündigt, hat sozusagen Gott verletzt und will das wieder gutmachen. Aber das Recht ist doch keine Religion.«

»Sollte man dann deiner Meinung nach einen Verbrecher also nicht bestrafen?«, fragte der Vater.

»Doch, natürlich«, antwortete die Mutter. »Aber doch eher um andere davon abzuhalten, das auch zu tun. Ich finde, eine Strafe soll hauptsächlich abschrecken.«

»Ja, das ist ganz wichtig«, pflichtete ihr der Onkel bei. »Es ist bestimmt nicht so, dass alle Menschen Verbrecher wären,

> *»Alle Uebertretungen haben ihren psychologischen Entstehungsgrund in der Sinnlichkeit, inwiefern das Begehrungsvermögen des Menschen durch die Lust an oder aus der Handlung zur Begehung derselben angetrieben wird. Dieser sinnliche Antrieb kann dadurch aufgehoben werden, dass Jeder weiß, auf seine That werde unausweichlich sein Uebel folgen, welches größer ist, als die Unlust, die aus dem nicht befriedigten Antrieb zur That entspringt.«*
>
> Paul Johann Anselm
> von Feuerbach, 1775–1833,
> Deutscher Strafrechtler

wenn es keine Strafen gäbe, aber es wäre doch viel verlockender. Wenn ich irgendwo ein nicht abgesperrtes Fahrrad stehen sehe, ist es leichter, das mitzunehmen, als solange zu arbeiten, bis man es sich kaufen kann. Wenn ich aber weiß, dass ich dafür ins Gefängnis wandern kann, ist das Arbeiten wahrscheinlich doch die bessere Alternative.«

»Und dann bewirkt das noch«, fuhr der Onkel fort, »dass es für alle, die sich an die Gesetze halten, ein gutes Gefühl der Bestätigung ist, wenn man sieht, dass bestraft wird, wer das nicht tut. Man kommt sich doch geradezu blöd vor, wenn man in der Stadt 50 fährt und wird ständig überholt. Dann sieht man, wie der, der einen gerade mit 70 überholt hat, geblitzt wird, und man hat irgendwie ein besseres Gefühl. Aber nicht aus Schadenfreude, sondern weil man sich eben nicht mehr wie ein Idiot vorkommt, wenn man so fährt, wie man soll. Weil so die ganze Gesellschaft von Straftaten abgehalten werden soll, nennt man das übrigens Generalprävention.«

Jetzt beteiligte sich auch Ferdinands Schwester Pia an der Diskussion: »Geht's denn bei der Strafe nicht auch um den Täter selbst. Eigentlich müsste man doch erreichen wollen, dass der so etwas nicht wieder macht. Ich hab mal einen Bericht im Fernsehen gesehen. Da war ein recht gut aussehender

Junge, der war auch ganz nett. Der hatte was ausgefressen und musste in den Knast. Da hat er dann seine Stelle verloren, seine Freundin hat ihn verlassen und Miete konnte er natürlich keine mehr zahlen, da ist er auch aus der Wohnung rausgeflogen. Wie der dann aus dem Gefängnis rausgekommen ist, hatte er nichts und niemanden und hat gleich wieder was ausgefressen.«

»Ach Gott«, meinte der Vater, »jetzt ist wieder die Gesellschaft schuld.«

»Ich finde, dass Pia vollkommen Recht hat«, sagte Onkel Gottfried. »Die Strafe soll verhindern, dass jemand das wieder macht. Zum einen, indem man ihn einsperrt, damit sind die anderen vor ihm sicher. Dann schreckt eine Strafe sicher den, der sie selbst erlebt hat, am besten ab. Und schließlich soll der Täter auch gebessert werden, damit er nicht rückfällig wird. Deshalb darf er nicht aus der Gesellschaft rausfallen, weil er dann schneller wieder eine Straftat begeht, und am Schluss muss man immer mehr Menschen immer länger einsperren. Ganz abgesehen davon, dass das irre teuer ist, kann man das nicht wollen. Man darf nicht vergessen, dass es um Menschen geht. Die müssen eine Chance haben, nachdem sie ihre Strafe abgesessen haben, wieder ein normales Leben zu führen. Dazu muss man sie in die Gesellschaft zurückführen, resozialisieren. Das ist wichtiger als die Vergeltung.«

»Aber wir reden doch von erwachsenen Menschen«, warf der Vater ein, »die für sich selbst verantwortlich sind. Das ist doch komisch,

> »Nam, ut Plato ait: nemo prudens punit, quia peccatum est, sed ne peccetur«
>
> »Denn wie Platon sagt: Kein kluger Mensch straft, weil gesündigt worden ist, sondern damit nicht gesündigt werde.«
>
> Seneca, 4 v. Chr.–65 n. Chr., Römischer Philosoph und Schriftsteller

> *»Es ist mit der Begründung der Strafe auf diese Weise, als wenn man gegen einen Hund den Stock erhebt, und der Mensch wird nicht nach seiner Ehre und Freiheit, sondern wie ein Hund behandelt.«*
>
> Georg Wilhelm Friedrich Hegel, 1770–1831, Deutscher Philosoph

dass die hier ständig erzogen werden sollen. Außerdem behauptet man damit ja«, fuhr der Vater fort, dass alle immer alles Mögliche machen würden, wenn es nur nicht strafbar wäre.«

»Genau dieses Argument«, sagte der Onkel. »ist auch schon früh gegen die ganzen Präventionstheorien vorgebracht worden: Das ist wie einen Hund abrichten.«

»Ist dir eigentlich schon aufgefallen, dass du ständig allen Recht gibst, Gottfried?«, wandte sich die Mutter an ihren Bruder. »Egal, was heute Abend jemand gesagt hat, du stimmst zu. Hast du denn überhaupt keine eigene Meinung?«

Onkel Gottfried war ganz überrascht: »Das schon, aber muss ich denn unbedingt Partei ergreifen? Am meisten stimme ich mit Pia überein. Aber deshalb sind doch die anderen Gedanken nicht falsch. Meiner Meinung nach sind tatsächlich alle drei Aspekte wichtig und sie schließen sich ja auch nicht gegenseitig aus. Man muss sich nur überlegen, was man macht, wenn sie zu unterschiedlichen Konsequenzen führen.«

»Und was heißt das?«, fragte Ferdinand.

»Na, nimm doch mal einen Ladendieb. Wenn es nur um die Abschreckung ginge, könnte die Strafe gar nicht hoch genug sein. Aber ein Ladendiebstahl ist jetzt auch wieder kein so schweres Verbrechen. Hier ist zwar eine Schuld da, aber keine große. Deshalb wäre es unter dem Gesichtspunkt der Schuld falsch, die Strafe zu hoch anzusetzen.«

»Aber was ist dann mit Triebtätern, die sich an jemandem vergangen haben?«, fragte Pia. »Da sagen doch manche, die dürfen einfach nie wieder raus, damit sie das nicht wieder machen können.«

»Das ist wirklich ein Problem«, sagte der Onkel. »Wenn jemand so etwas Schreckliches getan hat, dann muss er erst mal bestraft werden. Aber irgendwann ist diese Strafe vorbei, und was dann?«

»Genau!«, sagte der Vater. »Was dann? Da bin ich ja jetzt mal gespannt, was du dazu meinst.«

»Nach der Strafe geht es ja nicht mehr um die Bestrafung für das, was er getan hat, sondern darum, ob von dem Verurteilten noch eine Gefahr ausgeht.«

»Und wie soll man das wissen?«, fragte Ferdinand.

»Ja, das ist wohl tatsächlich der Knackpunkt. Das kann man nur über Spezialisten machen, die denjenigen untersuchen und dann eine Prognose abgeben. Ich weiß schon, eine Prognose ist nichts Sicheres, aber ich weiß auch nichts Besseres. Und einfach jeden auf Verdacht auf ewige Zeiten einzusperren, das halte ich einfach für falsch. Ich muss mich wiederholen: Man darf nicht vergessen, egal, was jemand getan hat, er bleibt ein Mensch und muss auch so behandelt werden. Hier muss man einfach abwägen. Ich hätte auch gern eine bessere Lösung, aber ich fürchte, es gibt keine.«

»Machst du es dir da nicht ein wenig zu einfach?«, fragte der Vater.

»Ja, vielleicht«, sagte der Onkel. »Obwohl das auch wieder nicht so ganz stimmt. Macht man es sich nicht einfacher, wenn man so einen unverrückbaren Standpunkt einnimmt. Ich finde es schwieriger, wenn man in jedem einzelnen Fall nachdenken und abwägen muss. Das Leben an sich ist nun einmal nicht so klar. Wir leben ja auch nicht in einem Schwarzweißfilm. Es gibt eben Farben und Farbnuancen. Und damit muss man umgehen.«

»Ja, da muss ich dir sogar ein bisschen Recht geben«, sagte der Vater. »So einfach ist es im Leben nicht.«

Alle schauten nachdenklich, bis dann Onkel Gottfried sagte: »Aber wisst ihr, worüber wir uns alle einig sind? Dass wir jetzt die Nachspeise wollen!«

Das schien jetzt tatsächlich allen lieber zu sein als weitere Diskussionen; auch Ferdinand, aber der sah eine Chance: »Und wie ist das jetzt mit dem Skilager? Dürfen wir dann doch fahren?«

Er sollte nicht enttäuscht werden: »Ich finde schon«, sagte die Mutter. »Wenn der Direktor den Elternabend macht, werden wir mit ihm reden und eine andere Lösung suchen. Eine Strafe darf nicht höher sein als die Schuld, haben wir festgestellt. Und wenn nur Einzelne was gemacht haben, dürfen nicht alle bestraft werden. So, und jetzt gibt's Nachtisch.«

Das klang doch schon viel besser, fand Ferdinand. Jetzt kamen auch noch Kirschknödel, wie immer nach dem Tafelspitz. Und in der Vorliebe dafür war sich Ferdinand mit Onkel Gottfried einig.

»Das wär doch mal 'ne Alternative zum Gefängnis«, sagte er grinsend, nachdem er die ersten Bissen gegessen hatte. »Kirschknödelentzug. Womöglich lebenslang. Und für die wirklich harten Fälle gibt's als Verschärfung dann auch keine Marillenknödel. Wenn das droht, frisst garantiert keiner mehr was aus.«

Meins!

Oder

Müssten nicht alle gleich viel haben?

*B*itte sehr, das kostet nichts«, sagte sie, nachdem sie den Wagen vor Blomsterlunds Stall gestellt hatte. »Das habe ich gern
getan. Die Luftreise hast du auch gratis bekommen.« Dann ging
sie. Blomsterlund stand lange da und starrte ihr nach.

»Pippi soll leben!«, schrien die Kinder, als Pippi zurückkam. Die
Lehrerin war auch mit Pippi zufrieden und lobte sie.

»Das hast du gut gemacht«, sagte sie. »Man soll gut sein zu Tieren. Und zu Menschen natürlich auch.«

Pippi saß auf ihrem Pferd und sah zufrieden aus.

»Ja, ich war weiß Gott gut zu Blomsterlund«, sagte sie. »So viel
fliegen, und ganz umsonst!«

»Dazu sind wir ja da«, fuhr die Lehrerin fort, »damit wir gut und
freundlich zu anderen Menschen sind.«

Pippi stellte sich auf dem Pferderücken auf den Kopf und stram-
pelte mit den Beinen.

»Hehe«, sagte sie, »und wozu sind die anderen Menschen da?«

Astrid Lindgren, *Pippi Langstrumpf geht an Bord*

»Was hast du gemacht?« Ferdinands Vater sah ihn ungläubig an.

»Ich habe euch eine Programmzeitschrift abonniert«, sagte Ferdinand. »Wir kaufen doch sowieso fast jede Woche eine. Und wenn wir es vergessen, ärgerst du dich doch am meisten. Weil du nicht weißt, wann die Spielfilme kommen.«

»Ja, aber wenn ich was abonnieren wollte, dann hätte ich es schon gemacht.«

»Außerdem ist es für einen guten Zweck«, fügte Ferdinand noch hinzu.

»Für einen guten Zweck?« Der Vater verstand gar nichts mehr.

»Ja, das war komisch«, sagte Ferdinand. »Da war heute Nachmittag so ein Typ an der Tür, das war ein entlassener Strafgefangener. Der hat gesagt, er muss wieder auf die Beine kommen und er hat keine Chance, wenn er nicht genügend Abonnements vermittelt. Und da hat er gemeint, wenn wir sowieso jede Woche eine Programmzeitschrift kaufen, dann könnten wir sie doch auch abonnieren. Das ist billiger als Kaufen und dient auch noch einem guten Zweck.«

»Und deshalb abonnierst du eine Zeitschrift?« Ferdinands Vater schien jetzt richtig verärgert. »Ich fass es nicht. Na, zum Glück ist das ja ungültig, weil du noch minderjährig bist. Da sieht man mal wieder, wie gut das ist. Wenn ich daran denke, dass manche das Wahlalter herabsetzen wollen. Du würdest dann wahrscheinlich die Programmzeitschriftspartei wählen, wenn die dir nur eine gute Geschichte erzählen.«

»Also hör mal, das ist jetzt aber nicht fair«, protestierte Ferdinand. »Soll man nicht so jemandem helfen, wenn man kann?«

»Das kann schon sein, aber ich bin doch nicht für jeden dahergelaufenen Ex-Knacki zuständig«, sagte der Vater. »Wo käme man denn da hin, wenn man sich um alle kümmern muss?«

»Aber du hast doch damals auch gespendet, als da in Dresden und so diese Flutwelle war.«

»Ja, da haben die Menschen aber auch alles verloren. Stell dir mal vor, wenn wir hier plötzlich auf der Straße stünden, weil unser Haus halb weggeschwemmt wurde.«

»Ich habe damals auch gemeint, dass es andere gibt, die das Geld nötiger brauchen«, sagte Ferdinands Mutter. »Ich war ja dafür, in Hungergebiete zu spenden.«

Soll man jedem helfen, dem man helfen kann?

»Und ich fand, dass man das in ein medizinisches Projekt in der Dritten Welt stecken soll«, schaltete sich nun Pia ein. »Da kann man mit ein paar Euro Menschenleben retten oder einen Menschen vor Blindheit bewahren.«

»Wunderbar!«, rief der Vater. »Als wenn helfen immer etwas mit Geld zu tun hätte. Aber am besten ihr gebt mir eine Liste, damit ich weiß, wohin ich unseres schicken soll. Ich vermute, ihr verzichtet dafür gerne auf ein paar Annehmlichkeiten.«

»Ja, müsste man das nicht sogar?«, fragte Ferdinand. »Onkel Gottfried hat mir einmal erklärt, man soll so handeln, dass möglichst viele den größten Nutzen haben. Das nennt man Utilitarismus.«

»Na, Onkel Gottfried muss es ja wieder einmal wissen!« Der Vater war gereizt. »Dann dürfen wir uns hier am Ende überhaupt nichts mehr leisten, weil man ja mit jedem Euro in der Dritten Welt viel mehr bewirken kann. Das nenn ich Schwachsinn.«

»Das ist es doch, was ich meine«, sagte Pia. »Das kann man doch gar nicht verantworten, da nichts zu tun.«

»Mein Gott, natürlich muss man da etwas machen«, sagte der Vater, »aber dafür ist doch die Politik da. Was will denn da der Einzelne tun? Alles verkaufen und einem Bettelorden beitreten. Da sollte euer Onkel mal damit anfangen, dem geht's schließlich verdammt gut. Das sind doch alles Flausen, die man euch in den Kopf setzen kann, weil ihr noch so jung seid.«

»Aber wenn alle das tun, dann kann der Einzelne eben doch was ausrichten«, entgegnete Pia.

»Papperlapapp«, sagte der Vater. »Sozialromantik.«

Es ärgerte Ferdinand kolossal, wenn der Vater auf sein Alter abstellte und ihn als unreif niedermachte. Deshalb musste er die Sache mit jemandem besprechen, der ihn nicht so abfertigte. Onkel Gottfried würde das bestimmt besser verstehen. Und auch Pia wollte erfahren, was der Onkel dazu meinte.

»Ich fürchte, euer Vater hat durchaus in manchem Recht«, sagte der, als die beiden ihm alles erzählt hatten. Doch Ferdinand war immer noch verärgert und das, was der Onkel da gerade sagte, war das Letzte, was er hören wollte.

»Wieso hat Vater da auch noch Recht?«

»Ja also, als Erstes mal das mit dem Abo. Diese Leute nennt man ›Drücker‹ und das sind häufig organisierte Kolonnen, die zum Teil mit erlogenen Geschichten Zeitschriftenabos an den Mann bringen.«

»Du meinst, der Typ hat gelogen? Das gibt's doch nicht.«

»Es muss nicht sein, man weiß nur nie wirklich, ob das nun stimmt«, sagte der Onkel. »Und wenn man helfen will, sollte man das besser dort tun, wo das Geld auch sicher beim Richtigen landet.«

»Hmmm«, sagte Ferdinand.

»Und das andere?«, fragte Pia. »Stimmt denn das auch, dass man das Helfen ruhig der Politik überlassen darf?«

»Zumindest zum Teil«, antwortete der Onkel.

»Was heißt ›zum Teil‹?«

»Also es stimmt schon, dass der Einzelne nicht alles erreichen kann und deshalb vieles die Allgemeinheit regeln muss.«

»Dann kann ich mich also hinsetzen und zusehen?«, fragte Pia. »Macht man es sich da nicht zu bequem?«

»Wenn man sich einfach hinsetzt und nichts tut, schon«, antwortete der Onkel. »Aber zwei Aspekte darf man dabei nicht übersehen. Der eine ist, dass man ja in der Politik etwas bewegen kann.«

»Wenn man wählen dürfte«, sagte Ferdinand.

»Ja sicher, das ist eine Möglichkeit, politisch Einfluss zu nehmen. Aber das ist nicht alles«, sagte der Onkel. »Man kann sich auch in Organisationen engagieren und so die Ziele fördern, die einem wichtig sind. Das kann man auch unter 18 Jahren machen.«

»Und der zweite?«, fragte Pia.

»Meiner Meinung nach ist man tatsächlich verpflichtet, anderen auch direkt zu helfen.«

»Gibt es dafür denn eigentlich eine handfeste Begründung? Etwas, das

»Jesus antwortete ihm: Wenn du vollkommen sein willst, geh, verkauf deinen Besitz und gib das Geld den Armen; so wirst du einen bleibenden Schatz im Himmel haben; dann komm und folge mir nach. Als der junge Mann das hörte, ging er traurig weg; denn er hatte ein großes Vermögen. Da sagte Jesus zu seinen Jüngern: Amen, das sage ich euch: Ein Reicher wird nur schwer in das Himmelreich kommen. Nochmals sage ich euch: Eher geht ein Kamel durch ein Nadelöhr, als dass ein Reicher in das Reich Gottes gelangt.«

Neues Testament,
Matthäus 19, 21–24

auch Vater überzeugen würde?«, fragte Ferdinand, der offensichtlich Munition sammeln wollte.

»Das kann man zum Beispiel in der Bibel lesen«, antwortete der Onkel.

»Oh Mann, das schon wieder!« Davon wollte Pia jetzt nichts hören. »Jetzt haben wir wieder Onkel Gottfrieds Bibelstunde.«

Der widersprach: »Also ich bin ja bestimmt kein strenggläubiger Mensch, aber man darf eines nicht übersehen: Die Bibel ist neben der Tatsache, dass es das heilige Buch der Juden und Christen ist, auch so etwas wie ein Weisheitsbuch, in dem wichtige und kluge Gedanken aus mehreren Jahrtausenden zusammengefasst sind. Wie gesagt, ich bin nicht jemand, der jeden Sonntag in die Kirche geht, aber manchmal ärgert es mich schon, wenn jeder fernöstliche Spruch – übrigens auch aus heiligen Büchern, den östlichen halt – für wunderbar angesehen wird; wenn es aber aus der Bibel kommt, ist es plötzlich glaubensspezifisch und deshalb weniger wert. Oft ist es wohl wirklich so, dass der Prophet im eigenen Land nichts gilt. Dabei hat das Christentum gerade auf diesem Feld seine Stärke.«

»Auf welchem Feld?«, fragte Ferdinand.

»Auf dem der Nächstenliebe. Das so genannte ›Doppelgebot der Liebe‹ ist eine der zentralen, wenn nicht die zentrale Stelle des Neuen Testaments. Jesus sagt, dass man eben seinen Nächsten, wie er es nennt, das sind die Mitmenschen, so lieben soll wie sich selbst. Sogar dann, wenn es Feinde sind. Deshalb muss man ihnen auch helfen. Man kann sicher über manches verschiedener Meinung sein, aber das ist schon etwas Großes.«

> »Du sollst den Herrn, deinen Gott, lieben mit ganzem Herzen, mit ganzer Seele und mit all deinen Gedanken. Das ist das wichtigste und erste Gebot. Ebenso wichtig ist das zweite: Du sollst deinen Nächsten lieben wie dich selbst. An diesen beiden Geboten hängt das ganze Gesetz samt den Propheten.«
>
> Neues Testament,
> Matthäus 22, 37–39

»Trotzdem ist es eben etwas, was ein Gott gesagt hat.« Pia blieb bei ihrer Meinung. »Das wird halt immer nur die interessieren, die an diesen Gott glauben.«

»Ich finde zwar, dass das etwas ist, was alle angeht, aber vielleicht ist es dir lieber, wenn man sich auf einen ›weltlichen‹ Philosophen beruft.«

»Stimmt«, sagte Pia. »Und

wer hat da was dazu gesagt?«

»Schopenhauer mit seiner ›Mitleidsethik‹. Er sagt, dass es nur drei mögliche Antriebe für Handlungen gibt: Egoismus, Bosheit und Mitleid. Und das Handeln aus Mitleid ist eben das gute Handeln.«

»Das ist jetzt etwas, was mich überzeugt«, sagte Pia. »Es war mir nicht klar, aber wenn ich das jetzt höre, merke ich, es ist schon das Mitleid, das mich dazu bringt, etwas für andere zu tun. Man kann doch oft einfach nicht zusehen.«

> »Mein wahres, inneres Wesen existiert in jedem Lebenden so unmittelbar, wie es in meinem Selbstbewusstsein sich nur mir selber kund gibt. Diese Erkenntnis, für welche im Sanskrit die Formel ›tattwam asi‹, d. h. ›dies bist du‹, der stehende Ausdruck ist, ist es, die alles Mitleid hervorbricht, auf welcher alle echte, d. h. uneigennützige Tugend beruht, und deren realer Ausdruck jede gute Tat ist.«
>
> Arthur Schopenhauer, 1788–1860,
> Deutscher Philosoph

»Und Schopenhauer hat dann ein Prinzip seiner Ethik formuliert, dass man niemandem schaden soll und anderen helfen. Das eine ist die Gerechtigkeit, die einen daran hindern soll, ein reiner Egoist zu sein, das andere die Menschenliebe, die auch wieder ihre Wurzeln unter anderem im Christentum hat. Übrigens nicht nur dort. Auch die alten östlichen Religionen kennen die Hilfspflicht, und im Islam ist die Wohltätigkeit eine der fünf Grundpflichten des Gläubigen.«

»Aber wie weit geht das?«, wollte jetzt Ferdinand wissen. »Vater hat gemeint, dann müssten wir alles verkaufen und einem Bet-

> »Neminem laede; immo omnes, quantum potes, juva.
>
> Verletzte niemanden; vielmehr hilf allen, soweit du kannst.«
>
> Arthur Schopenhauer

telorden beitreten. Und du solltest damit anfangen, weil es dir so gut geht.«

> *Gibt es denn eine Grenze dafür,*
> *was man tun soll oder*
> *muss man immer allen helfen?*

»Ah ja.« Onkel Gottfried fand die Idee offensichtlich nicht ganz so gut.

»Aber das muss doch eigentlich passieren, wenn man sich das nach dem Utilitarismus überlegt, den du mir erklärt hast.« Ferdinand hatte darüber nachgedacht. »Wenn man mit dem Geld in Afrika gleich ein ganzes Dorf vor dem Verhungern retten kann, das wiegt doch viel mehr, als dass wir ein neues Auto haben.«

»Manchmal muss ich echt meinen Hut ziehen vor euch.« Der Onkel war beeindruckt. »Das ist etwas, das man dem Utilitarismus vorwirft, dass er in Wirklichkeit eine Illusion ist und undurchführbar, weil niemand sich um alle kümmern kann und es ganz natürlich ist, dass man sich um seine nähere Umgebung wie seine Familie mehr kümmert. Das ist ein generelles Problem, aber jede ethische und philosophische Theorie hat Schwachstellen.«

»Toll, und woran soll man sich dann halten?«

»Also, ich weiß nicht«, sagte der Onkel, »ob das jetzt wirklich die Lösung aller Probleme ist. Aber ich finde da immer noch den alten Aristoteles mit seiner goldenen Mitte gut.«

»Meinst du die ›Goldene Regel‹?«, fragte Pia.

»Nein, nein. Das mit der goldenen Mitte habe ich nur so gesagt. Man nennt es auch die ›aristotelische Mitte‹ oder nach der griechischen Bezeichnung die ›Mesotes-Lehre‹.«

»Und was sagt diese Lehre?«, fragte Ferdinand. »Sie ist Bestandteil von Aristoteles' Tugendethik. Aristoteles war der Meinung, dass das richtige Handeln das tugendhafte ist. Diese Tugenden muss man erwerben; die verstandesmäßigen wie Weisheit und Klugheit kann man erlernen, an die ethischen wie Großzügigkeit, Besonnenheit und Tapferkeit dagegen muss man sich gewöhnen. Daher auch der Begriff ›Ethik‹ vom griechischen ›ethos‹ für Gewohnheit.«

»Was hat das jetzt mit der Mitte zu tun?«, fragte Pia.

> »Die Tugend ist also von doppelter Art, verstandesmäßig und ethisch. Die verstandesmäßige Tugend entsteht und wächst zum größeren Teil durch Belehrung; darum bedarf sie der Erfahrung und der Zeit, die ethische dagegen ergibt sich aus der Gewohnheit; daher hat sie auch, mit einer nur geringen Veränderung, ihren Namen erhalten. ...
> Die Tugenden entstehen in uns also weder von Natur noch gegen die Natur. Wir sind vielmehr von Natur dazu gebildet, sie aufzunehmen, aber vollendet werden sie durch die Gewöhnung.«
>
> Aristoteles, 384–322 v. Chr.,
> Griechischer Philosoph

»Aristoteles meinte eben, dass immer das Mittlere zwischen zwei Extremen das richtige ist. ›Nichts allzu sehr!‹ war der Wahlspruch.«

»Er nennt zum Beispiel«, fuhr der Onkel fort, »die Tapferkeit als Mittelding zwischen Feigheit und Tollkühnheit, die Gerechtigkeit zwischen Unrecht tun und Unrecht leiden und so weiter.«

»Und was bedeutet das jetzt beim Helfen?«, wollte Ferdinand wissen.

»Also, einmal kann man daraus lernen, dass Extreme, egal, auf welcher Seite, eben schlecht sind. Das bedeutet natürlich nicht, dass man keine Position beziehen soll. Ganz im Gegenteil, das ist richtig und notwendig. Aber innerhalb der eige-

> *»Die Tugend ist also ein Verhalten der Entscheidung, begründet in der Mitte im Bezug auf uns, einer Mitte, die durch Vernunft bestimmt wird und danach, wie sie der Verständige bestimmen wird. Die Mitte liegt aber zwischen zwei Schlechtigkeiten, dem Übermaß und dem Mangel. Während die Schlechtigkeiten in den Leidenschaften und Handlungen hinter dem Gesollten zurückbleiben oder über es hinausgehen, besteht die Tugend darin, die Mitte zu finden und zu wählen. Darum ist die Tugend hinsichtlich ihres Wesens und der Bestimmung ihres Was-Seins eine Mitte, nach der Vorzüglichkeit und Vollkommenheit aber das Höchste.«*
>
> Aristoteles, 384–322 v. Chr.,
> Griechischer Philosoph

nen Position soll man nicht das Extrem suchen. Und in Bezug auf das Helfen hat Aristoteles zum anderen eben auch die Großzügigkeit als Mitte zwischen Geiz und Verschwendung genannt. Für mich heißt das, auch wenn das eine ganz persönliche Interpretation ist, dass man schon helfen soll, aber auf der anderen Seite auch nicht alles verkaufen muss und Bettelmönch werden.«

»Ha«, warf Ferdinand ein, »dabei heißt es doch ›Geiz ist geil‹.«

»Also, den Ausspruch hasse ich!«, sagte Onkel Gottfried.

»Mann, was soll denn das? Du bist doch sonst nicht so spießig«, sagte Ferdinand.

»Was hat das denn mit spießig zu tun?«

»Na, wie unser Deutschlehrer, Herr Kärrner, der regt sich auch immer auf, wenn man ›geil‹ sagt.«

»Da kann ich dich beruhigen«, antwortete der Onkel. »›Geil‹ stört mich nicht, sondern dass der Geiz plötzlich was Geiles sein soll.«

»Aber manche müssen halt sparen«, sagte Pia.

»Das ist ja auch völlig richtig. Nur Geiz geht halt darüber hinaus und diese ›Schnäppchenmentalität‹ ist das Letzte. Für nichts will man mehr einen normalen Preis bezahlen. Und das ist genauso bei den Leuten, die es sich leisten können. Da waren letzte Woche in der Zeitung Herrenanzüge für einen Preis, für den man normalerweise höchstens ein Hemd bekommt. Und wenn man um eine bestimmte Uhrzeit kauft, gabs darauf noch mal zehn Prozent. Das ist eine Missachtung der Arbeit der Schneider. Damit macht man nicht nur ganze Gewerbezweige kaputt, das geht auch nur, wenn irgendwo auf der Welt billigste Arbeitskräfte unter miesen Bedingungen schuften müssen. Aber darüber könnte man lange diskutieren.«

»Ist es nicht generell ungerecht, dass die einen mehr haben als die anderen?«, fragte nun Pia.

»Worauf willst du hinaus?«, fragte der Onkel.

»Ja, es ist doch komisch, dass zum Beispiel manche in meiner Klasse sich alles leisten können, weil die Eltern reich sind, und andere nicht. Und die Kinder in den Slums haben gar keine Chance, irgendetwas zu bekommen. Das ist doch ungerecht.«

> *Ist es ungerecht,*
> *dass es manchen Menschen finanziell besser*
> *und manchen schlechter geht?*

»Also so ungerecht finde ich das nicht«, sagte Ferdinand. »Für mein Fahrrad habe ich zum Beispiel lange gespart, Rasen gemäht und Auto gewaschen. Da finde ich es ganz ok, dass ich mir das leisten kann. Wenn andere nicht so viel sparen und nicht dafür arbeiten, können sie es sich halt nicht leisten.«

»Jetzt plustere dich hier nicht so auf«, warf Pia ein. »Das meiste hast du doch von unseren Eltern und von Onkel Gottfried bekommen. Und das ist kein Verdienst. Andere haben

> »Glaukon: *Zu welchem von diesen rechnest du nun die Gerechtigkeit?*
> Sokrates: *Meines Erachtens gehört sie zu dem Schönsten, nämlich zu dem, was sowohl um seiner selbst willen wie wegen der daraus entspringenden Folgen von jedem geliebt werden muss, der glücklich werden will.«*
>
> Platon, 427–347 v. Chr.,
> Griechischer Philosoph

> »*Von der besonderen Gerechtigkeit nun und dem ihr entsprechenden Gerechten betrifft die eine Art die Zuteilung von Ehre, Geld und den anderen Dingen, die unter die Mitglieder der Gemeinschaft aufgeteilt werden können; denn hier kann der eine ungleich oder gleich viel erhalten wie der andere. Die andere Art ordnet den vertraglichen Verkehr. Diese hat wiederum zwei Teile. Denn von den Verkehrsformen sind die einen freiwillig und die anderen unfreiwillig.«*
>
> Aristoteles, 384–322 v. Chr.,
> Griechischer Philosoph

halt keine Eltern und keinen Onkel, die sich das leisten können.«

»Bekriegt euch bloß nicht«, sagte der Onkel.

»Um das Prinzip zu erkennen ist das sogar ziemlich gut, dass Ferdinand hier sowohl gearbeitet als auch was bekommen hat. Das ist nämlich ein ziemlich schwieriges Kapitel, das mit der Gerechtigkeit. Obwohl die unheimlich wichtig ist.«

»Wieso schwierig? Es muss doch nur jeder das bekommen, was ihm zusteht«, sagte Ferdinand.

»Ja, das ist ziemlich klug«, sagte der Onkel, »so ähnlich haben es auch Platon und in der Folge der römische Jurist Ulpian gesagt: ›suum cuique tribuere‹, jedem das, was ihm zusteht. Nur was steht jedem zu? Und da wird es unheimlich schwierig. Und kompliziert. Und am Ende gibt es keine definitive Lösung.«

»Jetzt rede nicht rum«, sagte Pia, »was ist nun?«

»Anfangen kann man wieder bei Aristoteles.«

»Ach ja, das Gerechte ist wahrscheinlich in der Mitte«, sagte Pia leicht ironisch.

»Ja tatsächlich«, sagte der Onkel, »aber dabei lässt Aristoteles es nicht bewenden. Er unterscheidet verschiedene Arten von Gerechtigkeit. Man spricht seitdem von distributiver und korrektiver Gerechtigkeit. Die eine verteilt Güter und die andere stellt eine aus dem Gleichgewicht geratene Gerechtigkeit wieder her. Das kann in einem Geschäft sein, beim Tauschen und Kaufen etwa, oder aber, wenn jemand etwas Falsches getan hat, einen Diebstahl oder so was.«

»Und warum muss man das unterscheiden?«, fragte Ferdinand.

»Weil Aristoteles für diese Formen jeweils einen anderen Maßstab vorsieht. Bei der Verteilung soll nicht jeder genau das Gleiche bekommen, sondern in dem

»Das Gerechte, das das Gemeinsame verteilt, verfährt immer nach der genannten Analogie. Wenn etwa aus öffentlichen Geldmitteln eine Verteilung stattfindet, so wird sie nach dem Verhältnis geschehen, das die eingebrachten Beiträge zueinander haben.«

»Diese Proportionalität nennen die Mathematiker die geometrische. In ihr verhält sich das Ganze zum Ganzen wie das Glied zum Glied. Diese Proportionalität ist keine kontinuierliche. Denn die Person und die Sache sind nicht der Zahl nach eines.«

Aristoteles

»Das Gerechte im Verkehr ist zwar auch ein Gleiches und das Ungerechte ein Ungleiches, doch nicht nach jener genannten, sondern nach der arithmetischen Proportionalität. Denn es macht nichts aus, ob ein anständiger Mensch einen schlechten beraubt oder umgekehrt. ...

So wird also die ordnende Gerechtigkeit die Mitte zwischen Schaden und Gewinn sein.«

Aristoteles

Verhältnis, wie er etwas beigetragen hat. Aristoteles nannte das ›geometrische Gerechtigkeit‹.

Anders ist es dann, wenn etwas ausgeglichen werden soll. Dann muss es nicht im Verhältnis ausgeglichen werden, sondern eben genau in der Höhe, in der das Ungleichgewicht besteht. Das heißt dann ›arithmetisch‹.«

»Uff, das ist ja tatsächlich ziemlich kompliziert«, sagte Ferdinand. »Arithmetische und geometrische Gerechtigkeit. Das sind ja die Fächer, die ich schon in der Schule hasse. Dass man das auch noch verstanden haben muss, um gerecht zu sein, hätte ich nicht gedacht.«

»Dabei geht es hier erst richtig los. Das wirklich Schwierige ist nämlich die Verteilung, also das, was Aristoteles mit dieser geometrischen Regel lösen will. Hier soll auch wieder jeder das bekommen, was ihm zusteht. Einig ist man sich bei zwei Grundsätzen.«

»Und zwar?«, fragte Pia.

»Wenn es um die Freiheit geht und um die Verteilung von Grundrechten, muss jeder immer genau das Gleiche bekommen. Deshalb heißen sie ja auch ›Menschenrechte‹ oder unveräußerliche Rechte. Und bei wirtschaftlichen oder sozialen Angelegenheiten sollen alle gleich viel bekommen, wenn es keine Gründe dafür gibt, warum es anders sein soll. Nur jetzt geht es los: Welche Gründe für eine andere Verteilung kann es geben?«

»Um was geht es denn eigentlich bei dieser Verteilung?«, fragte Ferdinand.

»Im Endeffekt um Einkommen oder Besitz. Es geht darum, wie groß das Stück vom Kuchen – damit meint man den Wohlstand – ist, das jeder abbekommen soll.

Als Gründe anerkannt werden Bedürfnisse, Leistung und erworbene Rechte. Früher kannte man aber zum Beispiel auch das Erstgeborenenrecht. Da hat jemand mehr Rechte gehabt, wenn er als Erster geboren wurde.«

»Aber das kann doch nicht sein, dass das Kind, nur weil es als Erstes geboren wurde, mehr bekommt«, protestierte Ferdinand. »Dann wär ich ja voll benachteiligt.«

»Ach«, meinte Pia. »So schlecht fänd ich das nicht.«

»Pass bloß auf«, sagte der Onkel. »Wenn es früher um Erstgeborenenrechte ging, waren die Mädchen oft komplett ausgeschlossen.«

»Frechheit!«, rief Pia, während Ferdinand das wieder gar nicht so schlecht fand.

»Man sieht, das ist oft nur eine Frage des eigenen Vorteils. Aber ich kann euch beruhigen. Dass ein Mensch einen höheren Wert als ein anderer hat und deshalb mehr bekommen soll, das können wir uns eigentlich nicht vorstellen.«

»Also, ich finde das relativ klar«, sagte Pia, »entscheidend müssen die Bedürfnisse sein. Es muss doch schließlich jeder das bekommen, was er braucht.«

»Das finde ich nicht in Ordnung«, entgegnete Ferdinand. »Man sollte für seine Leistungen bezahlt werden. So wie ich bei meinen Jobs. Was soll das sonst? Da wäre ich ziemlich sauer, wenn ich mich abschufte, und jemand anders bekommt das gleiche Bike, nur weil er auch eines braucht. Ich hätte das nicht gemacht, wenn ich das Fahrrad auch so bekommen hätte.«

»Im Prinzip habt ihr jetzt gerade das Hauptproblem des Kommunismus durchgespielt. Nach Marx sollte im idealen Kommunismus, er nannte es eine höhere Phase der kommunistischen Gesellschaft, jeder das bekommen, was er braucht, und das tun, was er kann, dann wäre alles in Ordnung.«

»Das klingt doch gar nicht schlecht«, meinte Pia.

»Sei bloß froh, dass dich dein Vater nicht hört«, sagte der Onkel. »Der würde ausflippen, dass seine Tochter den Kommunismus gut findet. Ich muss allerdings sagen, dass das wirklich nicht so schlecht klingt. Es hat nur einen Haken.«

»Und der wäre?«

»Es funktioniert nicht. Ich sage das nicht so gerne, weil es immer so ein bisschen nach Stammtisch klingt, aber der Zusammenbruch des Kommunismus weltweit hat einfach gezeigt, dass es nur schön klingt. Man kann das bedauern, aber der Kapitalismus – das klingt jetzt nicht so schön, sagen wir mal die Marktwirtschaft – hat eben den Vorteil, dass man, wenn man ein größeres Stück vom Kuchen haben will, vorher mehr tun muss. Und das kommt eben wieder allen zugute. Der Kuchen, den alle zusammen erarbeiten, wird sozusagen größer.«

»Aber kommt es da nicht zu Ungerechtigkeiten?«, fragte Pia.

»Doch natürlich kann es dazu kommen, wenn man nicht aufpasst«, sagte der Onkel. »Das Erste ist mal, dass immer, wenn es bessere und schlechtere Posten gibt und damit manche ein Anrecht auf ein größeres Stück vom Kuchen bekommen, jeder die gleichen Chancen haben muss, die guten Positionen zu erreichen. Den vielleicht wichtigsten Beitrag zu diesem

Thema in den letzten Jahren hat ein Amerikaner geschrieben, John Rawls. Sein Buch heißt ›Eine Theorie der Gerechtigkeit‹ und er hat dabei die Idee entwickelt, dass Gerechtigkeit vor allem in Fairness besteht. Er meint, dass eigentlich alle möglichst gleich viel bekommen sollten. Mehr bekommen sollte einer nur, wenn dadurch alle insgesamt, auch der Ärmste, mehr bekommen.«

»Wie soll denn das funktionieren?« Ferdinand verstand das nicht. »Dass alle mehr bekommen, wenn einer mehr bekommt.«

Gerechtigkeit als Fairness

»1. Jedermann soll gleiches Recht auf das umfangreichste System gleicher Grundfreiheiten haben, das mit dem gleichen System für alle anderen verträglich ist.
2. Soziale und wirtschaftliche Ungleichheiten sind so zu gestalten, dass (a) vernünftigerweise zu erwarten ist, dass sie zu jedermanns Vorteil dienen, und (b) sie mit Positionen und Ämtern verbunden sind, die jedem offen stehen.«

John Rawls, 1921–2002,
Amerikanischer Moral- und
Sozialphilosoph

»Na, weil das zum Beispiel ein Leistungsanreiz ist. Und wenn der eine mehr bekommt, weil er mehr leistet und dadurch mehr schafft, wird der Kuchen größer und das Stück von jedem wird ein bisschen größer. Nur seins eben noch mehr. Und wichtig ist auch, dass jeder die gleiche Chance hat, diese Posten zu erreichen.«

»Das klingt zwar ziemlich kompliziert, aber doch gar nicht so schlecht«, sagte Ferdinand. »Kann man jetzt danach alles regeln?«

»Leider immer noch nicht«, sagte der Onkel. »Wie immer ist man sich nicht einig, ob das richtig ist. Und dann sind da auch noch Fragen offen.«

»Oh Mann, das wird ja wirklich endlos«, stöhnte Ferdinand.

»Was ist denn jetzt noch unklar?«

»Na, zum Beispiel, ob jemand, der mehr kann, mehr bekommen soll.«

»Na klar«, sagte Ferdinand, »der Beckham zum Beispiel ist halt ein Super-Fußballer, der darf dann auch super verdienen. Er macht das ja auch besser als andere.«

»Und was meinst du, Pia«, fragte der Onkel. »Was ist denn mit seiner Frau, wie heißt die noch gleich?«

»Victoria, das frühere ›Spice Girl‹. Posh Spice«, sagte Pia.

»Ja, genau die. Findest du es auch richtig, dass die so viel verdient?«

»Na, bei der Zicke nicht gerade, aber Madonna zum Beispiel, oder Esther, wie sie sich jetzt nennt, die ist super und da ist es auch ok, dass sie Millionärin ist.«

»Das kann man natürlich so sehen und es ist auch nicht falsch«, sagte der Onkel. »Man kann es aber auch genau umgekehrt sehen.«

»Wie?«, fragte Ferdinand. »Sollen die gar nichts kriegen oder ganz wenig, weil sie so gut sind?«

»Ja, sozusagen. Beckham ist so weit gekommen, weil er ein begnadetes Fußballtalent ist.«

»Und irrsinnig viel trainiert hat.«

»Ja, aber das haben andere auch, die es nicht so weit gebracht haben. Ich könnte doppelt so viel trainieren wie er oder bis zum Umfallen und würde es nicht einmal in die Kreisliga schaffen. Ich habe zum Glück auch keine Lust, Fußball zu spielen, aber viele andere würden gerne und haben es auch mit noch so viel Arbeit nicht geschafft. Was hat denn Beckham mehr geleistet als die, die es eben nicht so weit gebracht haben? Er hat das Talent. Aber dafür kann er nichts. Das hat er von der Natur oder von Gott geschenkt bekommen. Er hat den Erfolg. Warum soll er dazu auch noch viel Geld bekommen?«

»Mann, das ist ja abgefahren. Das funktioniert doch nie«, sagte Ferdinand.

»Das glaube ich ehrlich gesagt auch, aber nachdenken darüber muss man schon dürfen.«

»Auf jeden Fall«, sagte Pia. »So ganz ohne ist das nicht. Gilt das
jetzt nur für die Spitzenleute?«

»Nein«, antwortete der Onkel. »Im Prinzip ist das bei jedem
Beruf so. Was jemand verdient, ist bei uns durch Angebot
und Nachfrage bestimmt. Wenn jemand begabt ist auf einem
Gebiet, das die Menschen interessiert, verdient er mehr.
Wenn man das abschaffen wollte, müsste man den Wettbe-
werb generell abschaffen und stattdessen eine Planwirtschaft
einführen, in der irgendeine zentrale Stelle nach welchen Kri-
terien auch immer Arbeit und Verdienst festlegt. Nicht nur,
dass das nicht funktioniert, ich halte es auch für einen viel zu
großen Eingriff in die Freiheit.«

»Soll man deshalb alles so lassen, wie es ist?«, fragte Pia. »Die
einen haben Glück, können mehr und verdienen mehr oder
kommen aus reichem Hause und die anderen haben Pech?«

»Wie gesagt, eine Planwirtschaft und das Abschaffen des Pri-
vateigentums halte ich für das Falsche. Aber in gewissem
Sinne bewirken die Steuern einen Ausgleich. Wer mehr verdient, muss einen höheren Anteil davon abgeben. Das kann
man wieder nicht beliebig hoch machen, weil sich sonst das
Arbeiten nicht mehr lohnt, aber im Rahmen des – jetzt wieder – aristotelischen goldenen Mittelweges ist das sicher
sinnvoll.«

»Zahlst du dann gerne Steuern?«, wollte daraufhin Ferdinand
wissen.

»Nun ja ...«, der Onkel zögerte. »Das kann man nicht gerade
behaupten. Natürlich tut es weh, wenn man da jeden Monat
Geld abgeben muss, und lieber wäre es mir, wenn es weniger
wäre. Aber sagen wir mal so, ich sehe prinzipiell einen Sinn
dahinter. Nicht nur, weil ich will, dass Straßen gebaut werden
oder sonst Sachen, von denen ich wieder was habe. Auch weil
damit wichtige soziale Aufgaben erfüllt werden. Man darf

> *»Der Gerechte ist am wenigsten zu erschüttern; der Ungerechte ist mit der größten Unruhe belastet.«*
>
> Epikur, 341–271 v. Chr.,
> Griechischer Philosoph

auch nicht vergessen, dass große Unterschiede, wenn es den einen sehr gut geht und anderen schlecht, immer eine große Unzufriedenheit auslösen. Am Ende ist eine etwas gerechtere Verteilung auch für die Reichen besser, weil das ganze System stabiler ist, wenn sich keiner völlig außen vor sieht.«

»Aber das ist doch wieder nur ein Selbstzweck«, sagte Pia, »dass man selbst sicherer lebt. Wo ist denn da das Soziale? Irgendwie finde ich auch, dass das alles das Problem nicht löst, warum es manchen besser und anderen schlechter geht.«

»Da hast du leider Recht«, sagte der Onkel. »Das, worüber wir jetzt gesprochen haben, kann meiner Meinung nach vieles erklären und manche Fragen beantworten. Aber irgendwie, und da stimme ich dir zu, bleibt etwas übrig, was man nicht ganz versteht und das einem nicht gefällt. Da spielen aber auch noch ganz andere Dinge mit hinein, die nur schwer zu beeinflussen sind. An sich und die Seinen zuerst zu denken ist nun einmal auch ein Teil der menschlichen Natur, den man nicht leugnen kann. Und man darf bei dem Ganzen zwei Sachen nicht vergessen. Wenn man zum Beispiel Rawls nimmt, der in letzter Zeit den wichtigsten Beitrag zu diesem Problem geleistet hat. Was er sagt, ist eine Theorie. Eine sehr kluge zwar, aber kein Allheilmittel für die Probleme der Welt. Es gibt viele andere Experten, die das alles ganz anders sehen. Man kommt auch hier wieder nicht darum herum, selbst nachzudenken und sich eine eigene Meinung zu bilden.«

»Und das zweite?«, fragte Pia.

»Die Gerechtigkeit ist ja nicht der einzige moralische Wert. Ein sehr hoher, aber nicht der einzige. Man muss immer darauf achten, dass keiner unter die Räder kommt, aber wenn etwas für alle günstiger ist, weil es allen besser geht, dann ist das auch wertvoll. Schließlich ist das Ziel der Ethik ja nicht, dass eine abstrakte Idee verwirklicht wird, sondern ein gutes Leben für alle.«

»Und das Leben ist wirklich besser, wenn Beckham so spielt, wie er spielt, und dafür darf er auch ruhig viel Geld kriegen«, sagte Ferdinand.

»Und noch besser wäre es«, sagte Pia, »wenn die blöde Zicke Victoria nicht singen würde, egal, wie viel Geld sie bekommt. Oder wenn sie nicht auch noch dazu den David Beckham zum Mann hätte. Das ist ungerecht, der würde mir nämlich auch sehr gefallen.«

Ich und mein Joghurt

Oder

Warum man auch an die Umwelt denken muss

Natürlich hatte Ronja gehört, wie Mattis und Lovis über das sprachen, was es außerhalb der Mattisburg gab. Vom Fluss hatten sie gesprochen. Aber erst, als sie ihn mit seinen wilden Strudeln tief unter der Mattisburg hervorschäumen sah, begriff sie, was Flüsse waren. Vom Wald hatten sie gesprochen. Aber erst, als sie ihn so dunkel und verwunschen mit all seinen rauschenden Bäumen sah, begriff sie, was Wälder waren. Und sie lachte leise, weil es Flüsse und Wälder gab. Es war kaum zu glauben – wahr und wahrhaftig, es gab große Bäume und große Gewässer und alles war voller Leben, musste man da nicht lachen!

Sie folgte dem Pfad geradewegs hinein in den wildesten Wald und kam zum Weiher. Weiter durfte sie nicht gehen, hatte Mattis gesagt. Und der Weiher lag dort schwarz zwischen dunklen Tannen, nur die Seerosen auf dem Wasser leuchteten weiß. Ronja wusste nicht, dass es Seerosen waren, aber sie sah sie lange an und lachte leise, weil es sie gab.

Astrid Lindgren, *Ronja Räubertochter*

»Wieso heißt dein Auto eigentlich ›Jimmy‹?« Ferdinand saß bei seinem Onkel im Wagen. »Hast du ihm etwa einen Namen gegeben? Das machen doch sonst nur Frauen.«

»Keine Vorurteile. Und vielen Dank, dass du mir so was zutraust. Aber der heißt ab Werk so. Das ist die Typenbezeichnung.«

»Cool«, sagte Ferdinand. Er liebte das Auto. Es war ein riesiger amerikanischer Wagen mit nur zwei Sitzen und dahinter einer überdachten Ladefläche, auf der man einen Kleinwagen parken könnte. Auf dieser Ladefläche hatte Anton es sich bequem gemacht. Das war sein Reich, das er sich allerdings mit den Sachen teilen musste, die Onkel Gottfried immer transportierte. Irgendwelche Lampen, Stühle oder sonstige Raritäten, die der Onkel gerade erstanden hatte, und meistens waren auch ein paar Kisten mit Altglas, Altmetall und Altpapier dabei, die er zum nächsten Container fahren wollte, aber dann vergessen hatte. Das Beste aber war für Ferdinand, dass der Jimmy eine Heckklappe hatte, deren Scheibe man elektrisch heben und senken konnte. Von innen mit einem Schalter, von außen mit dem Schlüssel. Einfach cool, fand Ferdinand.

Sie waren unterwegs in die Berge. Weil so ein schöner Tag war, wollten sie mit Anton eine kleine Wanderung machen. Onkel Gottfried hatte Ferdinand an der Schule abgeholt und das gefiel Ferdinand am besten. Alle Mitschüler beneideten ihn, weil er in ein so cooles Auto steigen durfte, das auch noch so einen irren Sound hatte.

»Das kommt vom Achtzylinder«, sagte der Onkel, »der so genannte Big-Block-Motor.«

»Was hat der noch mal für einen Hubraum«, fragte Ferdinand.

»5,6 Liter, 210 PS«, antwortete der Onkel und drückte auf den Knopf für die Heckscheibe, weil sie langsam fuhren und Anton dann immer den Kopf hinten rausstreckte.

»Wow!« Ferdinand war beeindruckt.

»Sag mal, was verbraucht der denn eigentlich«, fragte er nach einiger Zeit.

»Ähm, ja, na ja, schon ...«, antwortete der Onkel.

»Ha? Sag schon! Der verbraucht doch bestimmt 15 Liter bei dem Hubraum.«

»Äh ja, doch«, sagte der Onkel. »Im Sommer. Überland. Und wenn ich sparsam fahre.«

»Wie? Sonst verbraucht er mehr? Wie viel ist es denn dann im Winter in der Stadt?«

»Das will ich gar nicht wissen. Aber dafür bringt er doch Spaß. Oder? Und das kostet halt ein bisschen mehr.«

Dass damit zu fahren Spaß machte, dem musste Ferdinand zustimmen, war aber noch nicht völlig überzeugt: »Und die Umwelt? Kann man das überhaupt verantworten, so ein Auto zu fahren? Hat der denn wenigstens Kat?«

»Ja natürlich hat der Kat«, sagte der Onkel schnell. »Du meinst wegen dem Baujahr? Der Kat war in den USA schon früher Pflicht als hier. Deshalb ist er auch schon beim Baujahr 1987 drin.«

»Und der Verbrauch? Wie ist es denn damit? Muss man nicht auf die Umwelt achten? Das sagt zumindest immer unser Biologielehrer. Der hat deshalb gar kein Auto mehr.«

> *Warum muss man bei dem, was man tut,*
> *auch an die Umwelt denken?*

»Ja natürlich«, sagte der Onkel. »Eigentlich. Da hast du schon Recht. Da denk ich auch drüber nach und hab mir überlegt, ich versuch dafür, eher wenig zu fahren. Wenn's geht, oder wenn's weitere Strecken sind, fahr ich mit dem Zug. Und wenn man es insgesamt sieht, verbrauche ich dann wahr-

> *»Pflanzen existieren um der Tiere willen, und die wilden Tiere um des Menschen willen. Haustiere sind ihm zu Nutzen, und er ernährt sich von ihnen, die wilden Tiere (oder jedenfalls die Mehrzahl davon) isst er, und er fertigt aus ihnen andere für das Leben zweckmäßige Dinge wie Kleidung oder verschiedene Werkzeuge. Da die Natur also nichts Zweckloses oder Unnützes hervorbringt, so ist es unleugbar wahr, dass sie alle Tiere um des Menschen willen hervorbrachte.«*
>
> Aristoteles, 384–322 v. Chr.,
> Griechischer Philosoph

scheinlich unterm Strich auch nicht mehr Benzin als andere.«

»Hmm. Na ja. Schade wäre es ja schon, wenn man mit dem Jimmy nicht mehr fahren dürfte. Warum muss man denn eigentlich immer an die Umwelt denken? Gibt es etwa so was wie eine ›Grün-Gold-gestreifte Regel‹ oder einen ›Natur-Utilitarismus‹ oder einen ›Kategorischen Umweltativ‹? Vielleicht findet man ja auch ein ›Viereinhalbtes Gebot‹ so zwischen viertem und fünftem: »Du sollst Mutter Natur ehren und keinen Grashalm töten«.«

»Ob du dich mit deinen Namensideen durchsetzen wirst, weiß ich nicht«, sagte der Onkel, »mir gefallen sie jedenfalls. Und inhaltlich gibt es so etwas tatsächlich. Oder zumindest etwas Ähnliches. In den letzten Jahren ist die Umweltethik ein eigenes Gebiet innerhalb der Ethik geworden. Das war aber nicht immer so. Die alten Philosophen haben zum Teil sogar ausdrücklich die Natur als untergeordnet angesehen.«

»Warum hat sich das dann in den letzten Jahren geändert?«, fragte Ferdinand.

»Weil das Bewusstsein für die Natur teilweise erst durch die Umweltprobleme der letzten Jahrzehnte überhaupt entstanden ist. Vorher kannte man das ja gar nicht. Obwohl der Anfang schon etwas früher war. Man kann ihm sogar ein ziemlich genaues Datum geben.«

»Was war denn da?«

»Das so genannte ›Ogawe-Erlebnis‹. Albert Schweitzer, von dem hast du doch bestimmt schon gehört?«

»Klar, der Urwald-Doktor. Der dort immer nachts Orgel gespielt hat. ›Es ist Mitternacht, Doktor Schweitzer‹ ist so ein Lieblingsspruch von meinem Vater.«

»Aha, na so was. Auf jeden Fall ist Albert Schweitzer 1915 mit dem Dampfer auf dem afrikanischen Fluss Ogawe gefahren und hat dabei das Prinzip der ›Ehrfurcht vor dem Leben‹, wie er es nannte, entwickelt. Danach ist jede Form von Leben heilig, egal, ob Mensch oder Tier oder sogar Pflanze.«

»Das geht aber recht weit«, sagte Ferdinand.

»Ja, und das war Schweitzer auch bewusst. Er war ja Arzt und stand dann vor dem Problem, wenn er einen Menschen heilen will, der eine Infektion mit Bakterien hat, muss er die Bakterien töten.«

»Na klar, sonst stirbt der Mensch ja. Das kann man doch nicht machen, dass man da jemanden sterben lässt, weil man den Bakterien nichts tun will.«

»Vollkommen richtig«, sagte der Onkel. »So sieht das wohl jeder – Schweitzer auch. Weil bei dieser Idee das Leben im Mittelpunkt steht, nennt man sie übri-

»Wahre Philosophie muss von der unmittelbarsten und umfassendsten Tatsache des Bewusstseins ausgehen: ›Ich bin Leben, das Leben will, inmitten von Leben, das leben will.‹ ... Gut ist, Leben erhalten und Leben fördern; böse ist, Leben vernichten und Leben hemmen. ... Wahrhaft ethisch ist der Mensch nur, wenn er der Nötigung gehorcht, allem Leben, dem er beistehen kann, zu helfen, und sich scheut, irgendetwas Lebendigem Schaden zu tun. Er fragt nicht, inwiefern dieses oder jenes Leben als wertvoll Anteilnahme verdient, und auch nicht, ob und inwieweit es noch empfindungsfähig ist. Das Leben als solches ist ihm heilig.«

Albert Schweitzer, 1873–1958,
Evangelischer Theologe und Arzt

> »Allein weil Tiere nur als Mittel da sind, indem sie sich ihrer selbst nicht bewusst sind, der Mensch aber der Zweck ist …, so haben wir gegen Tiere unmittelbar keine Pflichten, sondern die Pflichten gegen die Tiere sind indirekte Pflichten gegen die Menschheit.«
>
> »Denn der Mensch, der schon gegen Tiere solche Grausamkeit ausübt, ist auch gegen Menschen ebenso abgehärtet.«
>
> Immanuel Kant, 1724–1804,
> Deutscher Philosoph

gens ›Biozentrismus‹. Das griechische ›bios‹ steht für Leben und Zentrum für Mittelpunkt. Über die Tiere hat man sich schon früher Gedanken gemacht. Kant zum Beispiel war der Meinung, weil Tiere keine Vernunft haben und die Vernunft für ihn das Höchste war, dass man Tiere nicht ihretwegen schützen muss.«

»Was heißt ›nicht ihretwegen‹?«

»Er meinte, indirekt soll man sich um sie kümmern, denn wer grausam zu Tieren ist, ist es dann auch zu Menschen und das darf man nicht, weil die eben eine Vernunft haben. Im Mittelpunkt steht das vernünftige Wesen, der Mensch, deshalb nennt man das ›Anthropozentrismus‹ von griechisch ›Anthropos‹, der Mensch.«

»Das ist ja hart.«

»Das haben andere auch gesagt. Der englische Philosoph Jeremy Bentham zum Beispiel fand, es geht darum, wer leiden kann. Und jedes Lebewesen, das Leid empfinden kann, ist zu schützen. Die Theorie heißt dann ›Pathozentrismus‹ von griechisch ›Pathos‹ für Leiden.«

»Muss man denn das alles mit so komplizierten Namen versehen? Das kann sich doch keiner merken und man versteht das kaum mehr. Dabei klingt das doch ganz vernünftig, wenn du es erklärst«, sagte Ferdinand. »Wenn ich an Anton denke, habe ich manchmal das Gefühl, er versteht jedes Wort. Besser als mancher Mensch.«

»Ja, das finde ich auch. Der gute Anton. So ähnlich denkt übrigens auch ein moderner Philosoph, der Australier Peter Singer. Er meint, entscheidend ist, ob ein Lebewesen Leiden oder Glück und Freude erleben kann. Wenn es das alles erlebt, dann gibt es für Singer keinen Grund, es weniger zu schützen als einen Menschen, der das kann. Er vergleicht das mit dem Rassismus, bei dem man auch nur weil jemand zum Beispiel eine andere Hautfarbe hat, ihm weniger Rechte geben will. Und deshalb nennt er das ›Speziesismus‹. Das ist natürlich ein bisschen provokant, weil niemand mit einem Rassisten verglichen werden will.«

»Mann«, sagte Ferdinand. »Noch so ein Wort, das keiner kapiert. Speziesismus. Das kann ich ja kaum aussprechen. Geht es denn nicht auch einfacher?«

»Natürlich kann man es auch ohne diese Begriffe erklären, aber die braucht

»The question is not, Can they reason? nor Can they talk? but Can they suffer?«

»Die Frage ist nicht: können sie denken?, auch nicht: können sie sprechen?, sondern: können sie leiden?«

Jeremy Bentham, 1748–1832, Englischer Rechtswissenschaftler und Philosoph

»Wenn ein Wesen leidet, kann es keine moralische Rechtfertigung dafür geben, sich zu weigern, dieses Leiden in Erwägung zu ziehen. … Rassisten verletzen das Prinzip der Gleichheit, indem sie bei einer Kollision ihrer eigenen Interessen mit denen einer anderen Rasse den Interessen von Mitgliedern ihrer eigenen Rasse größeres Gewicht beimessen. … Menschliche Speziesisten erkennen nicht an, dass der Schmerz, den Schweine oder Mäuse verspüren, ebenso schlimm ist, wie der von Menschen verspürte.

Peter Singer, geb. 1946, Australischer Philosoph

man halt für die Fachdiskussion. Und in der ist Singer zum Beispiel sehr umstritten. Einerseits strebt er eine Aufwertung der Tiere an, aber andererseits macht er eben keinen Unterschied mehr und fragt, warum dann Menschen, die nichts empfinden können, mehr Rechte haben sollen.«

»Also, da weiß ich nicht so recht«, sagte Ferdinand. »Das sind aber doch trotzdem Menschen.«

»Ja, das ist ja das Problem. Du siehst, das ist alles nicht ganz so einfach.«

»Das kannst du laut sagen! Einfach ist das wirklich nicht.«

»Es bleibt aber noch was«, sagte der Onkel.

»Was denn?«

»Die Verantwortung.«

»Verantwortung wofür?«

»Für die Erde und die Menschheit.«

»Was bedeutet das jetzt? Bin ich jetzt etwa plötzlich für die ganze Erde und die ganze Menschheit verantwortlich?«, fragte Ferdinand.

»In gewissem Sinne ist das jeder«, sagte Onkel Gottfried. »Es gibt ein Buch ›Das Prinzip Verantwortung‹ von Hans Jonas. Darin hat er das formuliert, was du den ›kategorischen Umweltativ‹ bezeichnet hast.«

> »Ein Imperativ, der auf den neuen Typ menschlichen Handelns passt und an den neuen Typ von Handlungssubjekt gerichtet ist, würde etwa so lauten: ›Handle so, dass die Wirkungen deiner Handlung verträglich sind mit der Permanenz echten menschlichen Lebens auf Erden‹; oder negativ ausgedrückt: ›Handle so, dass die Wirkungen deiner Handlungen nicht zerstörerisch sind für die künftigen Möglichkeiten solchen Lebens‹; oder einfach: ›Gefährde nicht die Bedingungen für den indefiniten Fortbestand der Menschheit auf Erden‹, oder wieder positiv gewendet: ›Schließe in deine gegenwärtige Wahl die zukünftige Integrität des Menschen als Mitgegenstand deines Wollens ein.‹«
>
> Hans Jonas, 1903–1993,
> Deutsch-Amerikanischer Philosoph

»Toll, das gibt es wirklich? Wie heißt denn der?«

»Jonas befasst sich hauptsächlich mit der Technik und ihren Auswirkungen auf die Welt. Und meint, dass man nur das tun darf, was nicht das menschliche Leben insgesamt gefährdet.«

»Na ja, das ist ja nicht wirklich überraschend. Eine Weltzerstörungsmaschine, wer baut die schon? Und dass das nicht gut ist, weiß man doch auch so.«

»Also, wenn du an die Atombomben denkst, dann gibt es die durchaus, die Weltzerstörungsmaschinen. Aber das Besondere bei Jonas ist, dass er die Fernethik eingeführt hat. Räumlich und zeitlich.«

»Fernethik? Räumlich und zeitlich? Was ist denn das jetzt wieder?«

»Ja, vorher, meinte Jonas, zum Beispiel bei Kants kategorischem Imperativ, hat man eigentlich immer nur beurteilt, was ein Einzelner heute macht. Nach Jonas muss man aber überlegen, wie sich das alles auf die ganze Erde und die ganze Menschheit auswirkt. Das nicht nur heute, sondern man muss sich vor allem überlegen, was für Auswirkungen das in Zukunft hat.«

»Du meinst, wenn ich jetzt was mache, ob das nicht in hundert Jahren gefährlich werden könnte. Gibt es so was überhaupt?«

»Und wie! Denk doch mal an das Ozonloch. Das hat man lange nicht bemerkt und hat gerätselt, woher es kommt, und jetzt weiß man, dass Treibmittel aus Spraydosen und Kühlmittel aus Kühlschränken daran schuld sind. Aber die sind jetzt in der Atmosphäre und man kriegt sie nicht so schnell wieder raus. Oder die Erderwärmung. Die kommt, wie man heute weiß, vom Kohlendioxid in der Atmosphäre, das die Menschen seit Jahrzehnten immer mehr produzieren. Da versucht man jetzt herauszubekommen, was das für die nächsten Jahrzehnte bedeutet.«

»Oh Gott, wenn man das alles bedenkt, hoffentlich muss ich

dann nicht demnächst in so Öko-Klamotten und Sandalen rumlaufen. Oder nur mehr Körner essen. Obwohl das mit den Bio-Lebensmitteln, das ist doch schon wichtig. Oder?«

Darf man, wenn man den Umweltschutz ernst nimmt, nur noch Körner und Bio-Lebensmittel essen?

»Wie kommst du denn darauf?«, fragte der Onkel.

»Na, zum Beispiel bei Mike zu Hause kaufen sie nur im Bio-Laden, und Vater und Mutter hatten da vor einiger Zeit auch eine Diskussion.«

»Ah, das ist ja interessant«, sagte der Onkel. »Worum ging's denn?«

»Also, vor ein paar Wochen ist Vater plötzlich mit einer Papiertüte nach Hause gekommen. Er war beim Einkaufen. Einfach so, nicht irgendwelche technischen Geräte oder was er sonst kauft, sondern Lebensmittel. Gemüse und Fleisch. Mutter ist fast umgekippt, weil er das noch nie gemacht hat, und hat ihn gefragt, was denn los ist.«

»Und was hat er geantwortet?«

»Ja, er hätte im Fernsehen ein paar Sendungen gesehen und jetzt auch was in der Zeitung gelesen und er findet, dass Mutter die falschen Sachen kauft.«

»Na, die war wahrscheinlich begeistert.«

»Und wie: ›Na wenn ich das falsch mache‹, hat sie gesagt, ›dann kannst du ja in Zukunft immer einkaufen gehen. Und dann kannst du auch gleich kochen und am besten auch noch putzen. Wahrscheinlich kann ich nicht mal das und Maria‹, das ist unsere Putzfrau, ›macht wahrscheinlich auch alles falsch.‹«

»Und dann?«

»Dann hat Vater gesagt, es geht im doch nur um die Gesundheit von seiner Familie und auch von Mutter. Deshalb hat er im Bio-Laden eingekauft. Das hat sie wieder ein bisschen beruhigt und sie hat sich die Sachen angeschaut. Aber dann hat sie gesehen, was die kosten, und ist fast ausgeflippt. ›Ich hab ja gewusst, dass der Bio-Laden teuer ist‹, hat sie gesagt, ›aber das ist ja unglaublich. Das kostet das doppelte vom normalen Geschäft, von Aldi ganz zu schweigen.‹ Wenn wir das in Zukunft haben wollen, braucht sie das dreifache Haushaltsgeld. Sie ist ja auch für Umweltschutz und Tierschutz so weiter, aber das geht zu weit. Bei dem Schinken, was der kostet, werden die Schweine wahrscheinlich nicht geschlachtet sondern zu Tode gestreichelt. Das wäre ja alles ganz nett für die, aber schließlich steht auch schon in der Bibel, dass der Mensch sich die Erde untertan machen sollte.«

> »Gott segnete sie und Gott sprach zu ihnen: Seid fruchtbar und mehret euch und füllet die Erde und macht sie euch untertan und herrschet über die Fische im Meer und über die Vögel unter dem Himmel und über alles Getier, das auf Erden kriecht.«
>
> Altes Testament,
> 1. Buch Mose (Genesis) 1,28

»Und was hat dein Vater gesagt?«

»Der hat gesagt, dass er das mit der Umwelt auch nicht so schlimm findet. Aber wir müssen eben aufpassen, dass wir nicht die ganzen Giftstoffe essen. Und deshalb sollen wir in Zukunft Bio essen.«

»Und esst ihr jetzt seitdem Bio-Sachen?«

»Nö, er hat das noch ein- oder zweimal gekauft, aber dann war's ihm doch zu teuer. Er hatte Äpfel gekauft und da war in einem ein Wurm drinnen. Da hat er sich furchtbar aufgeregt und gesagt, wenn er schon Obst kauft, das mit Gold aufgewogen wird, dann will er wenigstens, dass es in Ordnung ist.«

»Und was meinst du dazu?«, fragte der Onkel. »Findest du, dass man die Bio-Sachen kaufen sollte?«

»Irgendwie ja schon. Obwohl mir ja ein schöner Apfel lieber ist als so ein biologischer. Und zum Teil schmeckt das auch ziemlich komisch. Die Mutter von Mike, die kocht doch immer so biologisch, und wenn es da Kuchen gibt, so viel kann man da gar nicht dazu trinken, dass man nicht daran erstickt. Und süß ist der Kuchen kein bisschen. Ich weiß nicht, warum das immer so komisch schmecken muss.«

»Ich auch nicht«, sagte der Onkel.

»Kaufst du denn auch im Bio-Laden?«, fragte Ferdinand.

»Ja, nicht zu hundert Prozent, aber ich bemühe mich.«

»Aber wenn es bei dir Kuchen gibt, dann schmeckt der ziemlich gut. Dein Zwetschgendatschi zum Beispiel, der ist super. Gar nicht so komisch wie bei Mikes Mutter. Wie gibt es das?«

»Der Kuchen von Mikes Mutter ist wahrscheinlich aus Vollkorn und nur mit Honig gesüßt. Ich benutze ein ganz normales Rezept, aber die Zutaten sind aus ökologischem Anbau.«

»Und das ist dann genauso gesund?«

»Wahrscheinlich nicht. Vollkorn ist sicher gesünder als weißes Mehl, und der Zucker, den ich reingebe, ist auch nicht wirklich gesund.«

»Aber warum machst du das dann?«, fragte Ferdinand.

»Mir geht es weniger darum, dass ich hundertzwölf Jahre alt werde, sondern dass die Lebensmittel ordentlich produziert werden.«

»Was meinst du damit: ›ordentlich produziert‹?«

»Dass das Gemüse nicht in Nordeuropa in Treibhäusern gezogen wird, zum Teil ohne Erde auf irgendwelchen Nährböden, künstlich beheizt und mit allen möglichen Zusätzen. Teilweise merkt man es, wenn die Tomaten nach gar nichts mehr schmecken und so fest sind wie Äpfel. Die sind allerdings auch oft aus Italien oder Spanien, weil die halb grün geerntet werden, damit sie die Reise überstehen. Oder irgendwelche

Fertigprodukte, in denen alles Mögliche drin ist, nur nicht die Ausgangsstoffe, die man erwartet. Weil das zu teuer wäre.«

»Dann kaufst du das also, weil es besser schmeckt?«

»Ja, zum Teil schon, aber auch aus anderen Gründen. Wenn du die Preise bei den Discountern nimmst. Rechne mal da die Verpackung und den Transport und die Gewinnspanne des Discountmarktes weg. Von dem, was da bleibt, kann man beim besten Willen keine ordentlichen Lebensmittel herstellen. Da muss man sich dann nicht wundern, wenn es entweder schlechte Qualität ist oder die ganze Landwirtschaft kaputtgeht, weil die großen Handelsketten den letzten Cent bei den Preisen rausholen.«

»So hab ich das noch nie gesehen«, sagte Ferdinand. »Was es alles zu bedenken gibt, wenn man einfach Milch kaufen geht.«

»Das muss man aber bedenken. Oder noch etwas anderes. Mich regt zum Beispiel der ›Joghurt-Tourismus‹ auf.«

»Was ist denn das?«

»Wenn du mal auf die Produkte im Supermarkt schaust, wo die hergestellt sind, dann kommen die aus ganz Deutschland oder Europa. Ich esse ja auch wahnsinnig gern italienische, französische oder spanische Spezialitäten, die gibt es halt nur von dort. Aber ich verstehe nicht, warum mein Joghurt oder meine Milch 600 oder 800 Kilometer in meinen Supermarkt gefahren werden müssen, wenn die nächste Molkerei, die so etwas herstellt, zwanzig Kilometer vor der Stadt ist. Ich sehe es einfach nicht ein, dass mein Joghurt mehr reist als ich.«

»Das ist ja eine ulkige Idee«, sagte Ferdinand.

»Und besonders wichtig finde ich es bei Fleisch und Wurst.«

»Warum da? Fahren die auch herum?«

»Das auch, aber da ist es noch schlimmer, wenn die herumfahren, weil da oft die Tiere vor der Schlachtung ewig weit transportiert werden. Und überhaupt. Die Massentierhaltung, das kann man sich kaum vorstellen. So Käfighühner, das ist unglaublich, auf wie wenig Platz die leben müssen. Man kann

ja streiten, ob man überhaupt Fleisch essen soll. Aber wenn, dann von Tieren, die einigermaßen gehalten werden. Schließlich sind das auch Lebewesen, die eben auch leiden können.«
»Aber im Bio-Laden einkaufen ist doch so furchtbar teuer. Muss man das dann ausgeben? Oder darf man dann gar nicht mehr Auto fahren, wenn das die Umwelt belastet? Meine paar Tomaten oder der Jimmy allein werden doch die Erde nicht umbringen.«

Muss man dann zugunsten des Umweltschutzes auf alles verzichten?

»Das wird er bestimmt nicht. Aber das mit der Umweltverschmutzung ist, finde ich, eine spezielle Sache. Man kann natürlich sagen, dass das, was man als einer von mehreren Milliarden Menschen auf der Welt ausrichtet, nichts ausmacht. Das stimmt sogar, den Effekt von dem, was ich mache, könnte man weltweit nie messen oder feststellen. Das gilt übrigens positiv wie negativ. Weder wenn ich die Welt verschmutze, noch wenn ich mich bemühe, es nicht zu tun.«
»Also, dann ist ja alles in Ordnung.«
»Nein, ich glaube, das ist es aus verschiedenen Gründen nicht.«
»Und warum?«
»Da ist einmal das Prinzip der Verallgemeinerung. Also das, worauf der kategorische Imperativ beruht. Gut ist nur, was auch dann gut wäre, wenn es alle tun. Und das ist bei der Umweltverschmutzung sicher nicht der Fall.«
»Du meinst, ein allgemeines Gesetz ›Verpeste nicht die Luft‹ geht nicht und das ist deshalb falsch.«
»Ja genau. Und bei den Belastungen unserer Umwelt kommt noch dazu, dass die ja vor allem schon nur dadurch entste-

hen, dass so viele ihren kleinen Beitrag dazu leisten. Nur weil so viele mit dem Auto fahren, gibt es Abgasprobleme. Jeder trägt dazu seinen kleinen Teil bei. Wenn ich das Problem aber zum Teil mit verursacht habe, dann kann ich nicht sagen, das geht mich nichts an, weil ich ja nur so wenig beigetragen habe. Jeder kann nur so viel tun, wie er eben tun kann. Das aber muss er tun. Ich finde, die ganze Diskussion um Umweltverschmutzung im Großen wie im Kleinen lässt sich auf die Frage reduzieren: Soll man die Flasche, die man auf der Wanderung ausgetrunken hat, in den Wald schmeißen oder nicht?«

»Das verstehe ich jetzt nicht.«

»Na, die Frage ist einfach die, wie sehr man mit seinem Leben den Rest der Welt belasten darf. Man muss sich klar machen, dass man derjenige ist, der den Dreck produziert hat. Das gilt übrigens auch beim Einkaufen.«

»Warum jetzt das?«

»Weil die Sachen, die du kaufst, ja für dich hergestellt werden. Und wenn du etwas kaufst, das mit viel Umweltbelastung hergestellt wird, dann bist du dafür verantwortlich.«

»Aber dann darf man ja gar nichts mehr.« Ferdinand verstand das nicht. »Dann dürften wir im Winter nicht mehr heizen und nur noch zu Fuß gehen, weil der Zug ja auch Energie verbraucht. Vom Auto ganz zu schweigen. Am besten ist dann, wenn ich nicht mal atme, weil ich dabei Sauerstoff verbrauche und Kohlendioxid produziere, das dann die Erde erwärmt, wie du gesagt hast. Das kann es doch nicht sein.«

»Natürlich nicht«, antwortete der Onkel. »Jetzt könnte ich mal wieder mit Aristoteles und seinem goldenen Mittelweg kommen. Du erinnerst dich?«

»Ja klar: Nichts allzu sehr.«

»So ist es eigentlich auch hier. Man sollte Extreme vermeiden. Du darfst selbstverständlich weiter atmen, solltest aber nicht im Winter bei geöffnetem Fenster die Heizung aufdrehen.

Man braucht nicht zu frieren, aber vielleicht reichen ein paar Grad weniger, wenn man zu Hause nicht im T-Shirt rumläuft, sondern einen Pullover anzieht. Und meiner Meinung nach darf man ruhigen Gewissens mit dem Auto eine Besorgung machen oder auch in die Berge fahren, aber nicht mal eben zum nächsten Briefkasten. Das geht auch zu Fuß oder mit dem Rad. Und man kann sich überlegen, weitere Strecken mit dem Zug zu fahren.«

»Das ist aber oft umständlich.«

»Ja, das ist es. Ich fürchte, das Schlüsselwort ist ›Verzicht‹. Es muss einem klar sein, dass nicht alles geht. Man muss nicht auf alles verzichten, aber versuchen, vernünftig zu wirtschaften. Glaubst du, mir macht es Spaß, mein Altglas und Altpapier spazieren zu fahren?«

»Manchmal hat man ja schon den Eindruck.«

»Sehr witzig, aber du hast Recht, es sieht oft so aus. Natürlich wäre es bequemer, alles in die Mülltonnen im Haus zu stecken. Aber das bisschen Mühe muss man sich machen.«

»Und die teureren Bio-Lebensmittel?«

»Genau dasselbe. Wenn man Eier essen will, muss man halt so viel dafür bezahlen, dass dem armen Tier, das sie legt, genügend Platz zum Leben gelassen werden kann. Damit es nicht auf einer Fläche von Schulheftgröße vegetieren muss, nur weil das billiger ist.«

»Dann ess ich halt keine Eier mehr.«

»Ja das geht, das ist eine Möglichkeit. Aber ich glaub's dir nicht. Würdest du denn auch auf den Kaiserschmarrn verzichten?«

»Nein, auf den natürlich nicht.«

»Dann muss man mehr bezahlen und notfalls an anderer Stelle sparen. Ich weiß, das sagt sich so einfach, wenn man nicht jeden Cent zweimal umdrehen muss. Aber man muss es eben bedenken.«

»Hmm. Das stimmt wohl«, meinte Ferdinand.

»Und da ist noch ein Punkt, der in diesem Zusammenhang wichtig ist. Der kommt wieder von Hans Jonas. Er nannte ihn ›Meliorismus‹.«

»Meliorismus?«

»Ja, das bedeutet ›Vorrang des Schlechten‹.«

»Toll, das ist ja genau das, was man sich wünscht.« Ferdinand war nicht wirklich begeistert.

»Jonas meint, bei allen entscheidenden Dingen muss man in der Überlegung vom Schlimmsten ausgehen.«

»Warum denn das?«

»Die Überlegung ist: Wenn

> »*Eben diese Ungewissheit nun aber, welche die ethische Einsicht für die hier gemeinte Zukunftsverantwortung unwirksam zu machen droht und natürlich nicht auf die Unheilsprophetie beschränkt ist, muss selber in die ethische Theorie einbezogen und in ihr zum Anlass eines neuen Grundsatzes genommen werden, der nun seinerseits als praktische Vorschrift wirksam werden kann. Es ist die Vorschrift, primitiv gesagt, dass der Unheilsprophezeiung mehr Gehör zu geben ist als der Heilsprophezeiung.*«
>
> Hans Jonas, 1903–1993,
> Deutsch-Amerikanischer Philosoph

man nicht genau weiß, ob etwas, zum Beispiel eine neue Technologie, die Erde zerstört, dann muss man, solange man das nicht weiß, davon ausgehen, dass sie das tut. Weil, wenn man das, was vielleicht so gefährlich ist, macht, bis die Gefährlichkeit bewiesen ist, kann es schon zu spät sein. Und dann gibt es kein Zurück.«

»Oh Mann, das ist ja alles furchtbar.« Ferdinand wurde nachdenklich. »Aber was ist denn dann mit dem Zitat aus der Bibel, das Mutter gebracht hat, von wegen ›macht euch die Erde untertan und herrscht über die Tiere‹? Stimmt denn das nicht?«

»Das ist ein ganz interessanter Satz, an dem man wahnsinnig viel lernen kann«, sagte der Onkel.

»Aha, dann stimmt das doch!«

»Ja, aber nicht so, wie du das jetzt meinst.«

> *»Gott, der Herr, nahm also den Menschen und setzte ihn in den Garten Eden, damit er ihn bebaute und bewahrte.«*
>
> Altes Testament,
> 1. Buch Mose (Genesis) 2,15

»Sondern?«

»Über den Satz gibt es natürlich eine Menge Diskussionen, weil man den, wenn man will, dazu benutzen kann, jede Umweltschweinerei zu rechtfertigen. Da muss man aufpassen. Der englische Philosoph Bertrand Russell hat einmal gesagt, die meisten Menschen suchen sich aus dem heiligen Buch ihrer Gemeinschaft die Teile heraus, die ihnen gefallen, und ignorieren die anderen. Das halte ich für ziemlich klug – wie vieles, das Russell gesagt hat. Und es gibt eben in der Bibel auch andere Sätze, wo das mit der Erde anders aussieht, nämlich dass der Mensch die Erde bewahren soll.

Und bei dem berühmten Zitat ›Macht euch die Erde untertan‹, das du genannt hast, kommt noch etwas anderes dazu.«

»Was denn?«, fragte Ferdinand.

»Das war wohl ganz anders gemeint.«

»Was kann man denn da anders meinen? Der Satz ist doch ziemlich klar.«

»So wie er heute dasteht, schon. Nur muss man bei einem Text wie der Bibel bedenken, dass sie übersetzt wurde und bei jeder Übersetzung etwas verloren geht. Außerdem darf man nicht vergessen, aus welcher Zeit sie stammt. Statt ›untertan machen‹ und ›herrschen‹ würde man heute ›in Besitz nehmen‹ und ›der Fürsorge anvertrauen‹ oder etwas in der Art sagen. Das Verhältnis von Herrscher und Untertan beinhaltete trotz aller Ungerechtigkeiten, die es gab, immer auch Schutz und Fürsorge. Auch wenn man diese Begriffe selbst in diesem Zusammenhang einfach nicht verwendet hat.«

»Das ist ja abgefahren. Da gibt es einen eindeutigen Satz und in Wirklichkeit bedeutet der etwas anderes.«

Ferdinand überlegte.

»Hmm. Onkel Gottfried!«

»Ja?«

»Noch was.«

»Ja?«

»Das mit dem Jimmy, der so viel verbraucht, und dass du zum Ausgleich mit dem Zug fährst. Das ist doch Unsinn.«

»Wieso denn?« Das hörte der Onkel jetzt nicht gerne.

»Na, wenn du die Umwelt schonen willst, dann solltest du doch auf jeden Fall mit dem Zug fahren. Nicht nur dann, wenn du schon ein Auto hast, das viel verbraucht. Und umgekehrt, wenn du mit dem Auto fährst, auch ein sparsames nehmen. Irgendwie lügt man sich doch sonst in die Tasche.«

»Ach je«, seufzte Onkel Gottfried. »Du bist einfach zu klug. Du hast natürlich Recht. Formulieren wir es anders: Es macht einfach Spaß, und ich bin nun mal kein Heiliger. Aber das ist dir wahrscheinlich sowieso lieber.«

»Das ist auch wieder wahr«, sagte Ferdinand.

Jetzt überlegte der Onkel.

»Vielleicht«, sagte er dann, »solltest du bei dem Ganzen vor allem eines mitnehmen.«

»Und zwar?«

»Das ist mit das Wichtigste überhaupt: Du darfst nicht einfach alle Dinge glauben, die man dir so vorsetzt. Überleg sie dir selbst und bilde dir deine eigene Meinung. Es kann sein, dass sie stimmen, muss aber nicht sein. Und du musst entscheiden, was du glaubst, was du für richtig hältst und wie du dich verhältst.«

»Das ist aber anstrengend.«

»Ja, und schön. Man nennt es auch Freiheit.«

Leseempfehlungen

Wenn nun das Interesse für Ethik geweckt ist, was soll man dann als Nächstes zur Hand nehmen? Natürlich ist es immer gut, die Texte, über die man spricht und an denen man sich orientieren will, auch tatsächlich im Original zu lesen. Deshalb könnte jetzt hier eine Liste der wichtigsten philosophischen Werke folgen. Leider haben diese Bücher den Nachteil, dass sie häufig sehr schwer zu lesen sind, weil es den Autoren auf den Inhalt und nicht auf die Lesbarkeit ankam. Das gilt auch für so manche Übersetzung von antiken griechischen oder römischen Philosophen. Deshalb will ich hier nur weniges im Original empfehlen und sonst eher auf die Bücher verweisen, die gut lesbar sind und einen Einblick in das jeweilige Gebiet vermitteln. Dabei gibt es eine große Bandbreite von Büchern, die sich speziell an Jugendliche richten bis hin zu solchen, die eine Einführung auf Universitätsniveau geben. Die Liste ist weder vollständig, noch ist es notwendig, alle Bücher zu lesen. Sie ist sehr persönlich, und die kurzen Kommentare sollen helfen, zu entscheiden, ob man an dem einen oder anderen Buch Interesse hat. Umfangreiche Standardwerke zur Ethik, die sich an die richten, die professionell mit Ethik zu tun haben, wurden nicht aufgeführt.

Einführungen in die Ethik

Otfried Höffe (Hrsg.), Lesebuch zur Ethik, Philosophische Texte von der Antike bis zur Gegenwart, C. H. Beck Verlag, München 2002, 438 Seiten.
Für jeden, der Originaltexte zur Ethik lesen will, ohne sich eine Bibliothek zuzulegen, ein wahrer Schatz. Die Auswahl ist hervorragend, selten bleibt man auf der Suche nach einer wichtigen Textstelle erfolglos. Das Buch enthält jedoch nur die Originaltexte und keine Kommentierungen, Erläuterungen oder Übersichten, also entweder für das Nachschlagen oder die Inspiration gedacht.

Herlinde Pauer-Studer, Einführung in die Ethik, UTB, WUV-Verlag, Wien 2003, 216 Seiten.
Ein sehr gut lesbares Buch zu den wichtigsten ethischen Theorien, das den Spagat zwischen Fachbuch und Verständlichkeit für jeden wagt, was größtenteils auch gelingt. Deshalb anspruchsvoll, aber trotzdem gut lesbar.

Robert Spaemann, Moralische Grundbegriffe, C. H. Beck Verlag, München 1999, 109 Seiten.
Das Buch ist aus einer Sendereihe des Bayerischen Rundfunks entstanden. In acht Kapiteln werden Themen wie Gerechtigkeit, Gewissen oder Gut und Böse verständlich erörtert, ohne zu sehr ins Detail zu gehen.

Annemarie Pieper, Einführung in die Ethik, UTB, A. Francke Verlag, Tübingen 2003, 339 Seiten.
Wie schon die Erscheinung in der Reihe UTB als Universitätstaschenbuch zeigt, ist das Buch geeignet, Studenten in das Fach Ethik einzuführen. Das gelingt sehr gut, das Buch ist aber sicherlich nicht eine einfache Einführung für jedermann.

Annemarie Pieper, Urs Thurnherr, Angewandte Ethik, Eine Einführung, C. H. Beck Verlag, München 1998, 394 Seiten.
In einzelnen Aufsätzen werden die verschiedenen Gebiete der Angewandten Ethik wie Bioethik, Tierethik, Medizinethik, Technikethik behandelt. Die Texte sind fachlich auf hohem Niveau, aber lesbar. Der Titel »Eine Einführung« gilt eher für Fachleute. Für den Normalverbraucher geht es durchaus in die Tiefe.

Ernst Tugendhat, Vorlesungen über Ethik, Suhrkamp Verlag, Frankfurt am Main 1993, 399 Seiten.
Bei dem Buch handelt es sich um die Ausarbeitung der Vorlesung, die Tugendhat an der Freien Universität Berlin gehalten hat. Entsprechend liest sich auch der Text: verständlich, in erster Linie aber auf einem Niveau, das sich an Studenten orientiert. Der Text ist ein Überblick, gleichzeitig setzt er sich aber aus persönlicher Sicht des Autors kritisch mit den Theorien auseinander.

Zu verschiedenen Themen

Simone Dietz, Die Kunst des Lügens, Eine sprachliche Fähigkeit und ihr moralischer Wert, rowohlts enzyklopädie im Rowohlt Taschenbuch Verlag, Reinbek bei Hamburg 2003, 174 Seiten.
Über die Probleme der Lüge gibt es ganze Bibliotheken, teils unterhaltsam, teils theoretisch geschrieben. Wer sich im Überblick informieren will, für den ist das kurze Buch von Simone Dietz das Richtige, zumal es knapp und günstig ist.

Ralf Ludwig, Kant für Anfänger – Der kategorische Imperativ, Eine Lese-Einführung, Deutscher Taschenbuch Verlag, München 2004, 124 Seiten.

Für den, der mehr über den kategorischen Imperativ wissen will, ohne sich in die Tiefen der Kant-Forschung zu begeben, das ideale Buch. Nach einem kurzen Überblick über Kants Leben und Werk erläutert Ludwig die verschiedenen Varianten des kategorischen Imperativs anhand von Kants Originalbeispielen. Gut verständlich, aber deshalb nicht anspruchslos und erfordert einiges Mitdenken.

Bertrand Russell, Moral und Politik, Fischer Taschenbuch Verlag, Frankfurt am Main 1988, 207 Seiten.

Auf den ersten 130 mit »Die Ethik« überschriebenen Seiten stellt Russell in seiner klaren und gut lesbaren Sprache Grundzüge der Moral und ihrer Begründung dar, wobei er nicht auf einzelne ethische Theorien eingeht, sondern das moralische Handeln an den Zielen der Allgemeinheit misst. Ein interessanter lesenswerter Text eines klugen Denkers.

Speziell für Jugendliche

Fernando Savater, Tu, was du willst, Beltz & Gelberg, Weinheim 2001, 153 Seiten.

Ein sehr persönliches Buch. Savater schreibt an seinen Sohn Amador, um ihm Ratschläge und Erläuterungen zu geben, ausdrücklich ohne dabei die Grundlagen der Ethik zu erklären. Ziel des Autors ist, seinen Sohn und damit den Leser zum eigenständigen Denken anzuregen. Abwechslungsreich, amüsant und lesenswert. Sehr gut verständlich.

Ernst Tugendhat, Celso López, Ana María Vicuña, Wie sollen wir handeln? Schülergespräche über Moral, Reclam Verlag, Stuttgart 2000, 173 Seiten.

Das Buch behandelt in zehn Kapiteln ethische Probleme in Gesprächen zwischen chilenischen Schülern. Die Gespräche sind gut lesbar und enthalten einiges an ethischen Grundsätzen, ohne diese aber direkt anzusprechen.

Héctor Zagal, José Galindo, Ethik für junge Menschen, Reclam Verlag, Stuttgart 2000, 237 Seiten.

Darstellung von ethischen Grundbegriffen, Lehren und Problemen. Das Buch ist um eine einfache Darstellung bemüht, die einzelnen Inhalte bleiben aber theoretisch.

Übersichten über die Philosophie

Bertrand Russell, Philosophie des Abendlandes, Europa-Verlag, Hamburg 2004, 856 Seiten.

Der Klassiker, den es immer wieder auch in Sonderausgaben gibt. Russell, der auch den Nobelpreis für Literatur erhielt, stellt die Entwicklung der Philosophie kritisch und mit eigenen Bewertungen dar. Mit über 800 Seiten aber sicher eher etwas für sehr Interessierte.

Edmund Jacoby, 50 Klassiker, Philosophen, Denker von der Antike bis heute, Gerstenberg Verlag, Hildesheim 2003, 311 Seiten.

Ein reich bebildertes Buch aus der Reihe der 50 Klassiker des Gerstenberg-Verlages. Es bietet einen guten Überblick über die wichtigsten Philosophen mit Kurzübersichten und einer Verbindung von Biographie und Werk.

Günter Schulte, Schnellkurs Philosophie, DuMont-Verlag, Köln 2002, 192 Seiten.

Ein kleines Buch, das sich aber nicht scheut, Themen wie Platons Höhlengleichnis, die Logik des Aristoteles oder die Werke Thomas von Aquins in Übersichten darzustellen. Viele Bilder, zum Teil mit ungewöhnlichen Bezügen. Sehr informativ, aber sicherlich nicht einfach.

Nachschlagewerke

Schülerduden Philosophie, Duden-Verlag, Mannheim 2002, 452 Seiten.

Ein gutes Nachschlagewerk, das Begriffe aus Philosophie und Ethik erläutert und die wichtigsten Philosophen und ihr Werk auf Sonderseiten darstellt.

Otfried Höffe (Hrsg.), Lexikon der Ethik, C. H. Beck Verlag, München 1997, 365 Seiten.

Sehr gutes Nachschlagewerk auf wissenschaftlichem Niveau. Die Sprache ist anspruchsvoll und die Beiträge zu den einzelnen Stichworten kleine Übersichtsaufsätze mit Nachweisen aus der Literatur.

Sonst lesenswert

Inge Scholl, Die Weiße Rose, Fischer Taschenbuch Verlag, Frankfurt am Main 1993, 132 Seiten.

Ein unbedingt empfehlenswertes Buch, in dem Inge Scholl,

die Schwester von Hans und Sophie Scholl, die Ereignisse um die weiße Rose aus sehr persönlicher Sicht niedergeschrieben hat. Eine packende Schilderung von Mut und Aufrichtigkeit.

Sophokles, Antigone, Reclam Verlag, Stuttgart 2000, 64 Seiten. Die zeitlose Tragödie enthält eine Fülle von moralisch-ethischen Themen. Sie zu lesen lohnt immer, allerdings muss man ein Freund der kunstvollen Sprache sein und sich mit einem klassischen Bühnenstück auseinander setzen wollen. Auf jeden Fall aber empfehlenswert ist ein Theaterbesuch, wenn »Antigone« auf dem Spielplan steht.

Zitatnachweise

S. 13: Astrid Lindgren, Pippi Langstrumpf. © Verlag Friedrich Oetinger, Hamburg.

S. 18: Alfons Fürst, Patristische Diskussionen über die Lüge. in: Rochus Leonhardt, Martin Rösel (Hrsg.) Dürfen wir lügen? Beiträge zu einem aktuellen Thema, Neukirchner Verlag 2002.

S. 16, 22: Aurelius Augustinus, Die Lüge und Gegen die Lüge. Übs. von Paul Keseling. © 1986 Augustinus Verlag, Würzburg.

S. 24, 26, 49, 63, 166: Immanuel Kant, Metaphysik der Sitten. Werkausgabe, Band VIII. Hrsg. von Wilhelm Weischedel. Frankfurt am Main 1978.

S. 25: Thomas von Aquin, Summa Theologica II/II. Salzburg 1933.

S. 29: Arthur Schopenhauer, Preisschrift über die Grundlagen der Moral. Werke, Bd. 3. Hrsg. von Ludger Lütkehaus. Zürich 1991.

S. 33: Otfried Preußler, Die kleine Hexe. © 1957 Thienemann Verlag (Thienemann Verlag GmbH), Stuttgart – Wien.

S. 40: William K. Frankena, Analytische Ethik – Eine Einführung. Hrsg. und übs. von Norbert Hörster. München 1972.

S. 43, 44, 78, 183, 184, 186, 187: Aristoteles, Die Nikomachische Ethik. Übs. von Olaf Gigon. © Patmos Verlag GmbH & Co KG (Artemis & Winkler Verlag), Düsseldorf und Zürich.

S. 45, 194: Epikur, Briefe, Sprüche, Werkfragmente. Übs. von Hans-Wolfgang Krautz. © 1985 Philipp Reclam jun., Stuttgart.

S. 46: John Stuart Mill, Der Utilitarismus. Übs. von Dieter Birnbacher. © 1976 Philipp Reclam jun., Stuttgart.

S. 47, 205: Jeremy Bentham, An Introduction to the Principles of Moral and Legislation. Hrsg. von J. H. Burns. London 1970.

S. 51: Nicolai Hartmann, Ethik. 4. Auflage. © 1962 De Gruyter GmbH & Co. KG, Berlin/New York.

S. 55: A. A. Milne, Pu der Bär. Übs. von Harry Rowohlt. © Atrium Verlag AG, Zürich.

S. 62, 116: Johann Wolfgang von Goethe, Sämtliche Werke nach Epochen seines Schaffens, Münchner Ausgabe. Bd. 17, 18., München 1997.

S. 73: Astrid Lindgren, Die Kinder aus Bullerbü. © Verlag Friedrich Oetinger, Hamburg.

S. 79: Jean-Paul Sartre, Ist der Existentialismus ein Humanismus? Drei Essays. Gesammelte Werke, Philosophische Schriften I. © 1994 Rowohlt Taschenbuch Verlag, Reinbek bei Hamburg.

S. 82: Otfried Höffe (Hrsg.), Lexikon der Ethik, Stichwort „Freiheit", Beck'sche Reihe Nr.152. © Verlag C. H. Beck, München.

S. 89: Mark Twain, Die Abenteuer des Tom Sawyer. Übs. von Ulrich Johannsen. © Cecilie Dressler Verlag, Hamburg.

S. 94, 119: Platon, Sämtliche Werke. Bd. 1. Übs. von Friedrich Schleiermacher, hrsg. von Ursula Wolf. © 1994 Rowohlt Taschenbuchverlag, Reinbek bei Hamburg.

S. 95: Immanuel Kant, Kritik der praktischen Vernunft. Werkausgabe, Band VII. Hrsg. von Wilhelm Weischedel, Frankfurt am Main 1974.

S. 101: Platon, Drei große Dialoge. Übs. von Arthur Hübscher. © 2002 Piper Verlag GmbH, München.

S. 107: Antoine de Saint-Exupéry, Der kleine Prinz. © 1950 und 1998 Karl Rauch Verlag, Düsseldorf.

S. 110: Helmuth von Glasenapp, Indische Geisteswelt. Bd. 1, Baden-Baden 1958.

S. 123: James Fenimore Cooper, Lederstrumpf 1. Der Wildtöter. © 2002 Carl Ueberreuther Verlag.

S. 125, 137, 139: Sophokles, Antigone. Übs. von Wilhelm Kuchenmüller. © 1955 Philipp Reclam jun., Stuttgart.

S. 129: Inge Scholl, Die Weiße Rose. © 1982, 1993 S. Fischer Verlag GmbH, Frankfurt am Main.

S. 130: Ralf Dreier/Stanley L. Paulson (Hrsg.), Gustav Radbruch – Rechtsphilosophie, Studienausgabe. © 2003 C. F. Müller Verlag, Heidelberg.

S. 134, 150, 152: Immanuel Kant, Grundlegung zur Metaphysik der Sitten, Werkausgabe, Band VII. Hrsg. von Wilhelm Weischedel, Frankfurt am Main 1974.

S. 143: Erich Kästner, Emil und die Detektive. © Atrium Verlag AG, Zürich.

S. 159: Johanna Spyri, Heidi. Zürich 2000.

S. 167, 170: Georg Wilhelm Friedrich Hegel, Grundlinien der Philosophie des Rechts. Werke in 20 Bänden, Bd. 7. Frankfurt am Main 2000.

S. 168: Paul Johann Anselm von Feuerbach, Lehrbuch des gemeinen in Deutschland geltenden peinlichen Rechts. O.O. 1847.

S. 175: Astrid Lindgren, Pippi Langstrumpf geht an Bord. © Verlag Friedrich Oetinger, Hamburg.

Seite 181: Arthur Schopenhauer, Preisschrift über die Grundlage der Moral (1838). Werke, Band 4. Zürich 1977.

S. 186: Platon, Der Staat. Philosophische Bibliothek, Band 80. © 1989 Felix Meiner Verlag, Hamburg.

S. 188: Ernst Tugendhat, Vorlesungen über Ethik. © 1993 Suhrkamp Verlag, Frankfurt am Main.

S. 191: John Rawls, Eine Theorie der Gerechtigkeit. © 1979 Suhrkamp Verlag, Frankfurt am Main.

S. 199: Astrid Lindgren, Ronja Räubertochter. © Verlag Friedrich Oetinger, Hamburg.

S. 202: Aristoteles, Politik. Übs. von Olaf Gigon. © Patmos Verlag GmbH & Co KG (Artemis & Winkler Verlag), Düsseldorf und Zürich.

S. 203: Albert Schweitzer, Kultur und Ethik. © 1960 Verlag C. H Beck, München.

S. 204: Immanuel Kant, Eine Vorlesung über Ethik. Hrsg. von Gerd Gerhardt. Frankfurt am Main 1990.

S. 205: Peter Singer, Praktische Ethik. © 1984 Philipp Reclam jun., Stuttgart.

S. 206, 215: Hans Jonas, Das Prinzip Verantwortung. st 1085. © 1984 Suhrkamp Verlag, Frankfurt am Main.

Register